从笛卡儿出发

Starting with Descartes

［加］C.G.普拉多 著

程甜 陈明瑶 译

黑龙江出版集团
黑龙江教育出版社

版权登记号：08-2016-097

图书在版编目（CIP）数据

从笛卡儿出发 /（加）C.G. 普拉多著；程甜，陈明瑶译 . — 哈尔滨：黑龙江教育出版社，2017.5
ISBN 978-7-5316-9218-8

Ⅰ.①从… Ⅱ.① C… ②程… ③陈… Ⅲ.①笛卡尔（Descartes, Rene 1596-1650）—哲学思想 Ⅳ.
① B565.21

中国版本图书馆 CIP 数据核字（2017）第 118930 号

Starting with Descartes © C. G. Prado, 2009
This translation is published by arrangement with Bloomsbury Publishing Plc
Simplified Chinese edition copyright © 2017 by Heilongjiang Education Publishing House
Simplified Chinese rights arranged through CA-LINK International LLC
ALL RIGHTS RESERVED

从笛卡儿出发
CONG DIKAER CHUFA

作　　者	[加] C.G. 普拉多 著
译　　者	程甜　陈明瑶　译
选题策划	王毅
责任编辑	王毅
装帧设计	Amber Design 琥珀视觉
责任校对	孙丽

出版发行	黑龙江教育出版社（哈尔滨市南岗区花园街 158 号）
印　　刷	北京鹏润伟业印刷有限公司
新浪微博	http://weibo.com/longjiaoshe
公众微信	heilongjiangjiaoyu
天 猫 店	https://hljjycbsts.tmall.com
E－mail	heilongjiangjiaoyu@126.com
电　　话	010—64187564

开　　本	880 × 1230　1/32
印　　张	6.25
字　　数	128 千
版　　次	2017年7月第1版　2017年7月第1次印刷
书　　号	ISBN 978-7-5316-9218-8
定　　价	35.00 元

目录

第一章　走近笛卡儿　　　　　　　　　　　　　　　001

第二章　笛卡儿和他的哲学目标　　　　　　　　　　041

第三章　第一个沉思：方法论的怀疑　　　　　　　　057

第四章　第二个沉思：思存相依　　　　　　　　　　073

第五章　第三个沉思：论上帝是否存在的因果论证　　091

第六章　回顾与概括　　　　　　　　　　　　　　　111

第七章　第四个沉思：人为何犯错　　　　　　　　　123

第八章　第五个沉思：证明上帝存在的本体论论证　　135

第九章　第六个沉思：世界的存在　　　　147

第十章　总结　　　　159

术语表　　　　178
参考文献　　　　185
索引　　　　189
内容简介　　　　193
作者简介　　　　193
译者简介　　　　194

走近笛卡儿

第一章

从笛卡儿出发
Starting with Descartes

本书讲述的是一个人的探索之旅。柏拉图将这种探索视为一项神圣的使命,而尼采将这种探索视为一种致命的"沉迷"。这个人就是勒内·笛卡儿,他所探索的是绝对真理和绝对知识。笛卡儿被称作"近代哲学之父",其认识论即对真理和知识的质疑。本书探讨了笛卡儿究竟如何推断认识论会在他的时代后,仍主宰哲学思维长达300多年。

近代以来,思想家们对待真理和知识的态度发生了质的改变。尼采对绝对真理这一概念的否定引起了思想家们对真理本质的质疑,受他影响的思想家们开始挑战或试图推翻那些拥护柏拉图和笛卡儿、相信绝对真理的思想家的统治地位。但是,如果你想理解传统意义上的哲学——由古希腊人建立并由西欧和北美人所传承的哲学,你需要了解笛卡儿关于真理和知识的见解,了解他为何认为真理和知识是绝对客观的,了解他为何认为理性可以使人们获得真理和知识以及从他的目标、假设和方法中产生的问题。

第一章　走近笛卡儿

***

从苏格拉底、柏拉图和亚里士多德开始,历史上涌现出许多充满智慧的哲学大家。但是,如果让你从这些哲学大家的所有著作中选择两本来理解欧洲哲学,尤其是认识论,那么1641年出版的笛卡儿的《第一哲学沉思集》(*Meditations on First Philosophy*)一定是其中一本。另一本不容错过的是1781年出版的康德的《纯粹理性批判》(*Critique of Pure Reason*)。

我提及《纯粹理性批判》,不仅是为了强调其重要性,更是为了提醒广大读者能够在一开始就注意到这两本书之间的区别。众所周知,《纯粹理性批判》是本晦涩难懂的书。而《第一哲学沉思集》面临的一个严肃问题是,读者倾向于认为该书并不难懂,但事实是,读者并没有真正地理解它,而只是理解了其表层意思。只要你读下去,你很快就会意识到笛卡儿的沉思中有很多重要的隐喻、臆测或暗示的内容,甚至还有些反语反讽。他的《第一哲学沉思集》和康德的《纯粹理性批判》一样,需要读者仔细品味。

笛卡儿的《第一哲学沉思集》是一本介绍性的入门级书刊,看似简单实则不然,这使得本书的介绍作用大打折扣,因为许多读者对该书的理解很难达到理想的程度。其实,严谨的钻研精神和认真的学习态度应该贯穿哲学学习的始终。无论哲学作品表面看起来是难还是易,是一派胡言还是无懈可击,在阅读之前都应该厘清该书的前提和

从笛卡儿出发
Starting with Descartes

预设,在阅读过程中仔细查找循环论证等错误的论证,挖掘出暗示和隐喻的重要观点和概念。

阅读《第一哲学沉思集》最容易出现下列失误:不理解笛卡儿的所思所想;没有意识到他是如何通过论证来改变他的哲学概念的;没有意识到他是如何用熟悉的词汇来介绍有疑问的概念。《第一哲学沉思集》带给读者的这种假象也是为什么大多数对它进行注解的书籍,包括本书,不可避免地比原书厚的原因。《第一哲学沉思集》表面简单,实际上,该书的抽象程度不亚于《纯粹理性批判》。如果你能够透彻地理解《第一哲学沉思集》,那就说明你的理解能力和思想高度达到了极少有人能够企及的水平。最后,虽然存在诸多困难,但是读透笛卡儿的《第一哲学沉思集》的过程,与其说任重道远,不如说是一次智慧冒险之旅。

* * *

本书的主要目的是帮助读者理解《第一哲学沉思集》中的观点,点明该书未言明之意,列举可能的对该书的误解,由此带领诸位进入哲学世界的大门。正如前面所述,与其他哲学著作相比,《第一哲学沉思集》更像是一本小册子,而不是一本书,这导致许多读者轻视该书的深度,从而产生了错误的观念。书中笛卡儿的六个沉思充满了概念性假设,甚至还有循环思维。若你不熟悉哲学,就很可能被这些概念严重误导。不幸的是,《第一哲学沉思集》看似简单,很多学者讲授此书

第一章　走近笛卡儿

的方式也让人感觉此书比实际更加简单。我以前有个学生,与一位外校的朋友谈论她的哲学入门课程。她向朋友描述了我们对《第一哲学沉思集》的研究之后,她的朋友提醒她要小心她的教授——也就是我——因为笛卡儿的小册子里根本没那么多内容!

之所以产生如此多的误解,不能全怪读者和老师,其作者笛卡儿也难辞其咎。笛卡儿的初衷是希望读者在读六个沉思的时候,能感觉到仿佛是自己在沉思,以使每一个沉思中的争论都能成为读者自己的观点。为达到这个目的,笛卡儿理所当然地在写作过程中尽可能地作简要陈述,因此,很多需要进一步解释的问题就产生了。笛卡儿自认为提供了清晰易懂的论点,任何乐于接受新思想的读者都能轻易理解。但实际上,这些论述的前提本身就存在这样或那样的问题,更何况笛卡儿对某些哲学概念的用法也实属新奇罕见。虽然笛卡儿极力避免,但是六个沉思仍然存在循环论证和缺少完整论证的现象。其中,缺少完整论证主要是因为笛卡儿对自我的本质和意识的本质的理解,读者可以在后面看到,笛卡儿有关这两个概念的理解都是极其晦涩的。

读者的任务是双重的:当你阅读《第一哲学沉思集》时,必须将每个沉思视为自己在思考,与此同时,你必须仔细探索并评估书中提出的各种观点,勇于诘问与检测。由于本书大部分内容与批判性分析和评估有关,你必须对分析的过程进行再分析,对评估的结果进行再评估——随着你对哲学的学习越来越深入,你会越来越熟悉这种做法。

从笛卡儿出发
Starting with Descartes

***

在讨论笛卡儿的《第一哲学沉思集》之前,我们必须搞清楚几个要点,关于语言,关于理性和真理,关于什么是真实的存在,关于笛卡儿作品的时代背景,关于该作品引起的反响,关于哲学的原则以及实践层面的问题。大部分的要点内容会在后续的章节中谈到,但是在深入探讨以上问题前,我先给各位一个大纲,并对每一个要点作简要的介绍。在阅读本章的过程中,读者们可能会稍感无所适从,但只要坚持下去,你对这些要点的理解就会越来越透彻,也能够对《第一哲学沉思集》一书有更深刻的了解。

1. 语言

阿尔弗雷德·诺思·怀特海(Alfred North Whitehead, 1861—1947)曾说,哲学是对柏拉图的一系列注脚。这句名言揭示了一部分事实,但到笛卡儿这里,这句话就不对了。正如前文所述,笛卡儿使用许多关键的哲学概念时,他所使用的意义与一般的用法不同,比如关于自我和意识的哲学概念。本书不仅会讨论笛卡儿所使用的自我和意识的具体内涵,也会介绍许多笛卡儿哲学思想中的关键概念的特殊内

第一章 走近笛卡儿

涵。这种用法上的差异有语言层面的原因，同时也有来自思考真相的角度的原因。对于诸位读者而言，关于自我和意识的概念现在理解起来必定会有一定的难度，但是诸位不要灰心，继续阅读下去就会有所收获。之所以在一开始就提出笛卡儿关于自我和意识的概念，有如下三个原因。

第一个原因是，在阅读哲学文献或进行哲学思考的过程中，我们不能受制于语言的外壳，因为笛卡儿以一种崭新的方式运用语言来表现自己的哲学思想。第二个原因是，笛卡儿在语言运用方面的创新很大程度上影响了许多读者对其作品的解读。第三个原因也是最重要的原因，那就是对读者们而言，在理解笛卡儿在语言层面上的创新的基础之上再理解其关于自我与意识的概念才能获得全面的认识。我们同时也会认识到笛卡儿忽略的一个事实：在思想塑造语言的同时，语言也塑造着思想。

对于语言的定义，可以参照一位后现代主义哲学家米歇尔·福柯（Michel Foucault, 1926—1984）的理论。福柯反对笛卡儿的哲学立场。笛卡儿认同绝对真理和绝对知识的存在，然而，福柯认为真理和知识是相对的，不仅受到时代的局限，也受到环境的局限。同时，福柯的哲学方法和哲学目的更多地延续了尼采的风格。福柯在《事物的秩序》（*The Order of Things*）一书中对比了语言中所谓的"二元论"与"三元论"。福柯认为，在笛卡儿之前，人们认为，"单词"或"符号"与其所代表的客观事物存在一一对应的联系，即在词语承载意义的过程中包括了三个元素：词语、词语所代表的客观事物以及两者之间的对应关系。福柯将这种认知方式称为"三元论"。"三元论"没有解释这种对应关系具体是如何运作的,粗浅地说,人们认为,词与物之间存在着必然的对应关系,因为所有的事物都是上帝用话语创造的。

笛卡儿将"意识"看成独立的存在,这样一来,词汇与客观物体之间的对应关系就成了人为的规则,词与物之间也就不存在什么必然的对应关系。根据笛卡儿的理论,意义的运作只包括两个元素:词汇与客观事物。这就是为什么福柯将笛卡儿派哲学理论称为"二元论"的原因。在笛卡儿的"二元论"解释下,词语和事物之间不存在必然的对应关系,要称某物是什么完全由人们的主观来决定。

这里着重强调一点:我们可以并且有时也需要脱离语言的表象外壳去认识语言的本质与运作方式。这里所说的脱离语言的表象外壳,不仅仅是指某一门特定的语言或是某门语言在特定时期的发展,而是从语言的本质中彻底脱离。我们需要将具体的某一门"自然语言"和泛指所有自然语言的"语言概念"区别开来。笛卡儿对语言概念的创新性认识是将语言看作一种"标签",是思想的衍生物,后于思想产生并且对思想没有反作用力。这种认识暴露出了笛卡儿没能认识到语言是如何对他的观念、论证与结论产生影响的。

在此,我还要介绍一下另一个相当流行的与笛卡儿站在不同哲学立场的结构主义。结构主义将不作为本书的重点,而是作为补充的背景知识进行介绍。结构主义者推崇语言学家兼符号学家费尔迪南·德·索绪尔(Ferdinand de Saussure, 1857—1913)的思想,认为语言系统影响着人们的思想和观念，而如前文所述，笛卡儿则不认同语言对思想观念的逆向影响。

在深入阅读本书之前，有一点希望诸位铭记于心，那就是：笛卡儿没有认识到语言对思想的影响，正因为如此，他也没能仔细考量他对语言的运用如何构建和影响其论证的前提与结论。

2. 理性与真理

笛卡儿坚信，人们可以通过运用理性获得客观真理，并且可以通过运用理性获得不受时代限制的关于人类自身以及世界的知识，这也正是由笛卡儿开创的近代哲学的精髓：通过理性获得真理，而非信仰、传统或命定的启示。请诸位注意，"近代哲学"一词中的"近代"并非指时间，而是指由笛卡儿等人开创的哲学流派，但近代哲学中关于真理的定义相对于柏拉图时期并没有太大的改变，只不过获得真理的途径不同。笛卡儿与其前人相似，认为真理是绝对且客观的，与人类自身的利益以及认知角度无关。真理的确立在某些情况下受制于历史与时代以及某个时期科学、哲学等学科的发展进程，例如，伽利略的科学发现或是笛卡儿本人在哲学方面的突破，然而，真理本身却不受这一切限制。

在真理的确立方面，笛卡儿有一个重要的原则：检验一个论点是

从笛卡儿出发
Starting with Descartes

否是真理的标准是，该论点的每一个细枝末节都必须经得住考验，只有每个部分都为真，整个论点才为真，在检验后必须舍弃任何有问题的部分。完成如上检验之后，将所有经检验为真的部分整合在一起，如果依然能够得到原先的论点，我们才能认为该论点是真理，否则的话，就应该去掉所有不能经受住标准真理检测的部分。

笛卡儿认为，客观真理是真实、绝对且可认知的，绝对成立的知识不仅存在，还是人们追求学问的最终目的，无论人们追求的是关于上帝、关于人类自身，还是关于自然与世界的学问。笛卡儿对真理的认识来源于柏拉图哲学，但笛卡儿的创新在于他提出的获得真理的途径。柏拉图认为，真理可以通过辩证法获得；而笛卡儿则认为，真理可以通过分析法获得。

当代哲学家通常认可笛卡儿的将分析法作为哲学的方法论，但很少有学者能够耐心地研习笛卡儿追求客观真理的方式。很多人认为，真理和知识受制于人类的实践、利益、观点和暂时的社会文化背景，就连本应是绝对客观的科学规律也可能受到人们的主观意志所影响，塞万提斯（1547—1616）在《堂吉诃德》中将历史称为"真理之母"，这种观点更接近尼采对真理和知识的态度。

塞万提斯的说法形象地描述了尼采和笛卡儿两个哲学流派在真理和知识上的分歧。笛卡儿认为，真理是与历史无关的，不受历史进程与社会发展的限制，真理具有稳定性，不会因解读方式不同而改变，也不会受到其他影响真理解读的因素的干扰。尼采的观点正好相反，他对真理采取一种"历史决定论"的态度，认为真理是受制于历史的,他认为,没有什么是"事实",有的只是人们对现象的"解读"(Nietzsche 1986a, 267)[①]。

3. 客观与主观

如今,我们说笛卡儿认同"客观真理"的存在,然而,笛卡儿本人的原话其实是"主观真理"。我们现在使用"客观"(objective)一词来指代实际存在的事物,而笛卡儿的时代,人们却是用"主观"(subjective)一词指代如今的"客观"一词的指代对象。"主观"与"客观"的对调增加了《第一哲学沉思集》的阅读难度。我指明这一变化的目的,除了提醒读者在阅读中注意这一特定词语,也是在佐证语言的变化对阅读哲学著作的影响,并提醒读者在阅读年代久远的哲学著作时一定要小心谨慎。想象一下,如果你在阅读《第一哲学沉思集》时以当下的词义来解释每一个"主观"会发生什么?举个例子,当笛卡儿谈论"概念的客观现实"时,你以为他在讨论与该概念相关的客观外延现实,但实际上,他在讨论的是与该概念相关的主观因素。我们首先要解决的不是学术问题,而是如何与古人交流的问题。如果读者没有意识到自己使用的语言其实与笛卡儿使用的语言存在差别就开始阅读

---

① 此文中注表示参见书后"参考文献"中的 Nietzsche 1986a 一书中的 267 页,下同,不再标注。

《第一哲学沉思集》,绝对不可能获得正确的理解。

现在,"客观"一词还有"中立、不带有偏见、公正"的词义,比如,法官的决定必须是客观的,不受任何偏见或者特殊利益的影响。在哲学中,"客观"一词用来指代世界上存在的事物,而与人们的观点或者经历无关。我们用"客观"来限定"真理""事实""事件"或"事物"时,意味着它们不由人们观察到的表象来决定;而"主观"一词则正好相反,是用于限定与人们的经历、感官有关的事物的。例如,草莓作为一种水果,是世界上的客观存在,无论有没有人吃,草莓都是草莓,而草莓的味道则是主观的,是人在吃草莓时的感受。

在笛卡儿的哲学中,思维的对象(object)指的是思维活动中产生的想法,而不是思维活动反映的客观世界存在的事物。笛卡儿认为,思维活动反映的客观世界存在的事物是思维活动的"主体"(subject),正如我们说蒙娜丽莎是《蒙娜丽莎的微笑》的主体一样。主体才是世界上存在的事物,现实事物反映在人脑中,产生了以概念为表现形式的客体存在。

4. 实体

实体就是真实的存在,笛卡儿的观点是,即使真的有实体的存在,我们的思维和感知的内容也与实际的实体无关,思维和感知的内

第一章 走近笛卡儿

容本身就是独立于任何事物的存在,与其他一切由上帝创造的东西一样,其存在以及其存在的延续都是出于上帝的意志。笛卡儿认同亚里士多德认为实体拥有各种属性的观点。某件事物的存在,要么是作为一个独立的实体,要么是作为一种附属于实体的属性。

实体有两种属性:一种是决定性的本质属性,另一种则是非决定性的非本质属性。实体的非本质属性在不同的时间和条件下可能改变,但是,本质属性具有决定某一实体之所以是某一实体的地位。借用亚里士多德的例子,人作为一种实体或物质存在而言,其之所以为人是因为人具有理性,这是人的决定性属性,但人的非决定性属性多种多样,如长头发或短头发,蓝眼睛或棕色眼睛,等等。笛卡儿大体接受亚里士多德对实体以及决定性属性的观点,但对于"人类的理性是其决定性属性"的观点持有异议,他认为,人是由思想决定的纯思维性实体。这一点是本书第四章关于实体的讨论的一个重要铺垫,请诸位读者牢记笛卡儿所说的,实体既包括思维性实体,也包括物质性实体,这两者的区别将在本书第四章着重介绍,在此先做一个简要的铺垫。

物质与思维之间的区别是笛卡儿哲学中方法论部分建立的基础,如果在阅读《第一哲学沉思集》之前了解这一点,读者朋友们很可能会随着阅读的深入,不假思索地接受这一区别。

物质实体是思维的认知对象,因为我们对客观现实的概念源于客观现实,而思维实体(除了一个例外:个人自己的心灵)不能直接成为思维的认知对象。人通过认识自己的思维直接认识自身的心灵,而对其他人的心灵则只能通过认识其他物质实体(如他人的行为)来认识到他人也拥有类似于自身的心灵。

5. 关于真理的历史决定论与历史无关论

回到真理是否由历史决定这一话题。许多人都曾思考过真理是否会受到社会文化环境、人类实践、观察角度或者人类利益的影响。思考一下这样一个命题:"水结冰时膨胀。"这个命题是否会随着时代的改变而发生变化?我们可以如此陈述这一命题:"水结冰时会失去热流体"或"水结冰时会失去平均动能",前一种陈述在某一个历史时期被认为是真理,而现在已经被推翻,后一种陈述如今还有市场,但是,如果我们说"同等质量的水结冰后占据更大的空间"则在任何时期都是正确的。如果我们在可乐瓶里装满水并将其冷冻,瓶中的水结冰时会炸裂可乐瓶,由此可以看出,水结冰时体积会膨胀这一点是与历史时期或是语境无关的规律。

然而,许多事情比表面更加复杂,如经验主义真理(物理规律、化学规律等科学真理)可能在我们这个星球上是绝对的,但是我们不知道是否存在另一个拥有另一套科学规律的星球。例如,在宇宙的某一个角落,或许"水在结冰时体积收缩"才是反映事实的真理,类似地,任何地球上的科学规律都有可能在其他星球上不成立。然而,在笛卡儿看来,绝对真理是存在的,因为上帝创造了这个世界以及这个世

第一章 走近笛卡儿

界上的规律,上帝创造万事万物是遵循一定规律的,这一神圣的规律就是绝对真理。

为了证明绝对真理的存在,笛卡儿举了先验真理的例子,先验真理必然是成立的,且与经验无关,例如,三角形的内角和必定是180°,然而,通过先验真理验证绝对真理的存在有点牵强,因为先验真理的正确性往往是由其定义保证的。因此,先验的定义是否成立依然需要进一步推敲(Audi 1996, 29)。

从哲学角度来讲,人们通常将历史(或文化等因素)决定真理的观点归为相对主义。相对主义有各种流派,某些派别更为激进,相对主义的始祖是尼采,相对主义的名家是普罗塔哥拉(Protagoras,公元前485—前410),他认为,人类是"所有事物的量具",也就是说,人类自己的主观意志是衡量一切事物的标杆(Matson 2000, 89)。对于当今的读者而言,黑格尔(1770—1831)的哲学思想是一个很好的出发点,他为历史决定真理的理解奠定了更加合理的基础。黑格尔认为,任何既成真理(无论是关于人类自身还是关于世界)都可以用多种表达方式进行重新表达,并可以从多种角度进行理解,既然既成真理可以用多种表达方式进行表达,那么任何一个真理命题都是对该真理诸多表达中的一个。

由于诸位读者在当代哲学的大环境中浸淫多年,当代哲学中的许多观念是不受笛卡儿待见的,而这些观念又不可避免地影响诸位读者对笛卡儿关于真理的理论的理解和接受程度,当代哲学带给我们的影响使我们更容易接受相对主义。诸位读者应该设法规避这种影响,理解笛卡儿如何追求绝对知识以及如何反驳一切相对主义。笛卡儿对绝对真理的追求使他不得不反对所有相对主义,而笛卡儿的哲学体系和方法论都是建立在绝对真理的存在之上的。

相对主义的兴起使得笛卡儿以及同时代的许多哲学家产生了危机感。虽然笛卡儿认为相对主义的兴起有利于打破教条主义和独裁主义,但他更希望用理性来击败这两种成见,因为在笛卡儿看来,如果由相对主义取代教条主义和独裁主义,只会使局面更加不堪。继续阅读本书第二章,你会发现,笛卡儿的哲学思想并不如常人所设想的那样对当今哲学做出了巨大贡献,恰恰相反,笛卡儿的哲学思想与当下主流的哲学思想背道而驰,这一点从笛卡儿撰写《第一哲学沉思集》的切入点以及其哲学思想中糅杂的宗教诉求可以看出。

6. 理性的支配

笛卡儿的时代,人们开始重新审视由宗教信仰或者当局权威加给人的毋庸置疑的观念,并相信用理性可以更新这些观念,诸位读者如果了解了当时的这一思潮,就可以更好地理解笛卡儿对待当时哲学界的思想动荡的态度。科学的发展就是对宗教思想的一大挑战,而理性的发展也越来越依赖实验的手段。伽利略(1564—1642)借助望远镜证实了哥白尼(1473—1543)的日心说。众所周知,伽利略的发现给他带来了当局的打压和迫害,但当局的强烈反应恰恰说明了伽利略的发现对推翻正教的统治做出了重大贡献。

笛卡儿与这些思想界的弄潮儿一样都力挺理性的力量,他将其前人以及当时的主流思想家视为教条主义者,因为这些人的信仰没有切实的证据作依托,而是来源于传统或者教会的权威。笛卡儿认为,事实可以证明,理性的力量足以打破各种信仰和教条的限制。他迫切地想要发展出一套更有成效的哲学方法论,在《谈谈方法》(*Discourse on Method*, 1637)以及《第一哲学沉思集》中,他对这套方法论进行了描绘。正如前文所言,笛卡儿方法论的核心是对观念或信念的批评性分析,在同时期的经验主义者对物理学的发展倾注大量心血的同时,笛卡儿则更专注于对概念世界的研究。

以当今的眼光来看,笛卡儿对理性的狂热追求似乎显得有些天真,但是,如果没有笛卡儿时至今日的哲学发展,如果处在笛卡儿的时代,我们自己或许也无法用一种居高临下的视角审视他的哲学思想,毕竟当时对于人类理性的研究不如当今这般成熟。他过分高估了人类理性的独立性,没有考虑到人类理性是否受到个人立场和利益的影响,也高估了分析法对理性推理的作用。我们稍后会讨论笛卡儿对待理性的过激态度,但在此之前,我希望诸位理解笛卡儿作为一位思想家,面对一种富有成效且有望打败独裁主义以及教条主义的新兴思想方法,不由自主地产生激动之情也是合情合理的。

7. 经验主义与理性主义

前文已经提到，笛卡儿对当今哲学思想的贡献并不如人们一般认为的那样重大，但是对整体哲学思想界的影响还是不可忽略的，这从他对英国经验主义的影响上可见一斑。其中，约翰·洛克（John Locke, 1632—1704）与大卫·休谟（David Hume, 1711—1776）就受到了笛卡儿思想的启发。笛卡儿认为，理性不仅仅是一种工具，它本身就是知识的来源之一。但以休谟为首的经验主义者则认为，感知体验才是知识的唯一来源，而理性是将通过感知体验获得的知识应用于实践的唯一手段。经验主义者虽然都是富有创新意识的思想家，但遗憾的是，他们大多受限于笛卡儿对各种哲学命题的定义，而笛卡儿在定义方面的纰漏于是乎直接导致了经验主义者无法解决与知识相关的命题，一个鲜明的例子就是，这导致休谟质疑人类是否真的能够获得与现实世界相关的知识。

本书将会借助对比洛克哲学与休谟哲学来为诸位读者更全面地介绍笛卡儿哲学。笛卡儿哲学、洛克哲学与休谟哲学之间存在着千丝万缕的联系，很难三言两语说得清，厘清这些联系对于理解笛卡儿之后的哲学发展大有助益，而通过比较研究受笛卡儿哲学影响的哲学家的哲学思想也能帮助读者们更全面地理解笛卡儿本人的哲学思想。

第一章 走近笛卡儿

首先,请各位注意休谟的怀疑主义比笛卡儿本人的方法论的怀疑主义更为彻底,这不仅仅是因为休谟的分析更加严谨,更是因为休谟的前提比笛卡儿的更多、更彻底。休谟在表明哲学立场时表现得相当虔诚,但是他在哲学研究中追求的并非宗教信仰。休谟与笛卡儿之间更为本质的区别是,休谟摒弃了笛卡儿的物质世界神定论——这将在本书第九章进行阐释——以及洛克的初级特质不可知论。不仅如此,休谟还否定先验真理,他认为,通过理性获得的先验真理是被"定义"为真理的真理。

英国经验主义与笛卡儿的许多论点背道而驰,但唯理论却支持甚至依赖于先验真理,这一点体现在斯宾诺莎(Baruch Spinoza, 1632—1677)以及莱布尼茨(G. W. Leibniz, 1646—1716)的哲学思想中。斯宾诺莎和莱布尼茨都是富有创意的思想家,然而,他们同大多数英国经验主义者一样在对待真理和知识的态度上继承了笛卡儿的大多数思想,其唯理论认为,理性不仅是获得知识的工具,更是知识的来源。唯理论与洛克和休谟的经验主义一样没能成功地解决笛卡儿提出的命题,最终没能像英国哲学一样演变成怀疑主义,也没能衍生出可信解释体系,而是演变成了复杂的形而上学体系。对于学习笛卡儿哲学的学者而言,继承笛卡儿哲学的经验主义比唯理论更重要,因为经验主义更好地揭示了笛卡儿哲学中的认识论混乱。当然,最重要的还是笛卡儿本人的哲学著作,学习经验主义只是作为研究笛卡儿哲学的辅助手段。

8. 小结

为了让诸位读者不至于迷失方向,我总结一下前面几部分的中心思想:充分理解笛卡儿的哲学思想是学习近代和当代欧洲哲学的基础之一。笛卡儿希望证明绝对真理和绝对知识的存在,并寻求获得绝对真理和绝对知识的途径,他的著作篇幅不长,更像是一本指南:使用六个沉思主题引导读者进行独立思考。笛卡儿的目标是证明并获得颠扑不破的真理。

然而,笛卡儿哲学的问题也层出不穷:没有考虑语言对思维的影响,过分关注理性与真理,对于事物的本质有太多设想,等等。这些都导致笛卡儿的方法论并不如他本人设想的那样严谨。此外,人们对于笛卡儿就当时混乱的思想界做出的回应也有许多不同的理解。

笛卡儿的终极目标是得到毋庸置疑的知识来解决人是什么、上帝是否存在、为什么人有时候会犯错以及物质世界的本质等课题,而且笛卡儿还希望能够给出一条获取真理与知识的途径。而这些远大的目标居然都浓缩到了哲学史上最短的著作中!那么,笛卡儿的计划成功了吗?简短的回答是"没有",但是,理解笛卡儿哲学的成功之处与失败之处却是非常好的对抽象思维的训练。

9. 哲学的本质特征

欧洲传统哲学已有2500年历史,威尔弗里德·塞拉斯(Wilfrid Sellars)的话可以很好地描绘出哲学的本质:"哲学的目标是用最笼统的语言概括出最笼统的事物本质。"(Sellars 1962, 37)在全面地理解哲学的本质之前,或许你需要先搞清楚"事物"指的是什么,事物包括观念、概念或是组成世界的元素或部件。正如苏格拉底所言,哲学问题是不断地追问大多数人想都不会去想的问题。

这些问题有时来源于纯粹的思想发展,有时则来源于实践:当新的科学发现与已有的普遍常识或实践相抵触,或是不同群体之间产生意见分歧时。这些问题往往针对最基本的概念而提出,大多数人则对这类基本概念从未有过质疑,理所当然地将其接受为常识。

在笛卡儿的时代,新的发现与已有的理论之间存在着激烈的矛盾,思想家们对于"万事万物是如何联系在一起的"这一问题众说纷纭。其中,处于风口浪尖的两个学科是地心说和日心说,它们的发展将矛头直指正统观念的权威地位。

伽利略的发现改变了物理学的主旋律,当时受伽利略的发现影响最大的却是教会的权威。虽然基督教教条中没有规定地球必须在宇宙的中心,但根据他们对《创世记》的解读,认为地心说才应该是符合上帝创造的。因此,教会认为,发现我们生活的世界原来是围绕着太阳转的众多行星之一是对《创世记》的直接否定,也是对诸如托勒密(Ptolemy, 100—170)和第谷·布拉赫(Tycho Brahe, 1546—1601)在内的宗教权威人士的挑战。教会对日心说的抵触是很典型的受挑战时团体的反应。而当时新发现与教会教条之间的这种博弈,也推动了思想自由的发展,削弱了教条主义的势力。

笛卡儿对当时思想论战的态度是矛盾的。一方面,他不敢将其著作《论世界》(The World)出版,因为在《论世界》中笛卡儿承认天体运动,但另一方面,他又试图通过《第一哲学沉思集》一书获得学界认同。最为重要的是,笛卡儿希望通过自己的方法确立绝对真理,从而一劳永逸地杜绝此类思想论战的再度发生。但是,暂且不论笛卡儿最终没能做到这一点,其追求真理的方法本身没能突破哲学方法的窠臼,他就是在试图用最笼统的表达来概括最笼统的事物之间的联系。

哲学研究有一个特征,那就是它的研究对象包括研究行为本身。许多人将哲学看作人类学问中最笼统、最抽象的领域,而且哲学的任意一个课题都可能引发无休止的争论,但也有许多人将哲学看作以理论性对象和语言学为主要研究客体且远离实践的有规律可循的学科,还有一些人则将哲学应用于实践,如用于指导医疗道德和商业道德等。传统哲学的最基本的要素——真理,在当下的时代背景中正受到来自历史主义者和后现代主义者的挑战:他们骨子里根深蒂固的偏见使其完全否定可以通过哲学手段获得真理的可能性。

然而,历史主义者或者后现代主义者对待真理的立场不是像塞拉斯所形容的那样完全放弃哲学。对传统哲学提出质疑的思想家中最有影响力的是福柯,他认为,"西方哲学自笛卡儿以来一直围绕着关于知识的问题在发展"。福柯还认为,一个"不追问'知识为何物'或'真理在何方'"的人不能算是哲学家。虽然福柯认同真理的相对性,同时也批评传统哲学对知识的理解,但是他坚信"一个追求真理的人才算哲学家"(Foucault 1980, 66)。根据福柯的意见,我们可以说:无论我们如何看待哲学研究的本质,无论我们遵循何种哲学方法,也无论我们认为通过哲学可以获得与历史无关的知识还是某种特定时代和特定角度下才成立的知识,我们和笛卡儿、福柯都同意一件事,那就是对真理和知识的追寻是哲学与哲学研究的核心追求。

10. 近代哲学与柏拉图式传奇

本书的主要课题是笛卡儿的认识论,即关于知识的理论。本书会讨论笛卡儿的形而上学观点,不过,单论影响力,笛卡儿的认识论应该排在首位。笛卡儿之所以头戴"近代哲学之父"的桂冠,可不仅仅是因为他提出了一种比中世纪学者和学院派学者更与时俱进的哲学研究方法,"近代哲学"的基本特征是将理性选作首要的哲学研究方法,基本目标是用人类智慧征服自然。

笛卡儿将哲学研究的重点从认识论层面的什么是终极现实或是理

论层面的什么是现实转移到了实际操作层面的如何获得真相。这种转移的完成很大程度上借助于方法论怀疑,也是得益于他将关注的重点从传统和权威转移到人的理性思维,从而开启了近代哲学的新篇章。哲学研究重点的转移提升了方法论怀疑的重要性,从此,理性取代权威和传统成为哲学的核心。查尔斯·皮尔士(Charles Peirce,1839—1914)总结道:"笛卡儿派哲学的灵魂是'哲学源于全面怀疑',而确信来源于每个人的良知(Buchler 1955, 228)。"确信(certainty)来源于良知(consciousness)是因为良知拥有一套判断标准,而理性的运作正是依循这一套标准,换句话说,能够经得住理性推敲的事物就是良知的确信。

当代学者大多反对传统哲学中将良知作为确信来源的观念。汉斯-格奥尔格·伽达默尔是大陆传统哲学哲学家,他反对以个人为中心的怀疑论,也就是说,他反对将确信建立在个人良知基础上。伽达默尔支持尼采的说法:"笛卡儿的怀疑论还不够严谨和全面,因为他没有对个人的良知进行怀疑和推敲。"(Baynes 1987, 330)笛卡儿正是因为没有怀疑和推敲良知,才忽略了语言对思维和认知的影响。

笛卡儿的分析推理法比苏格拉底和柏拉图的辩证法或者话语研究进步了一截。笛卡儿将方法论怀疑运用于一切观念与信仰的各个组成部分,从而完成哲学研究,而不是使用传统的"提出一个命题然后提出解答"的方式,他的这种哲学研究方法使得其著作更浅显易懂,即使是对哲学一无所知的人也可以理解。分析法作为方法论,如今深深地植根于我们的思维模式中,许多当代哲学家不会质疑笛卡儿学派对分

第一章 走近笛卡儿

析推理的重视,因为他们自己尚且相信分析推理是获取知识的手段。后现代主义哲学家往往会不吝唇舌地告诉你:如今的大多数人依然奉行17世纪延续至今的近代主义者思维方式。这也解释了为什么笛卡儿的《第一哲学沉思集》的受众接受度如此之高。但是,笛卡儿的一些哲学假设和对哲学实践的指导不易理解,因为其中除了方法论的怀疑阐释得比较透彻外,其他的基本都缺乏足够的论证。为了在笛卡儿对自己的哲学观念论证不足的情况下更准确地理解其哲学,我们有时候需要了解一些柏拉图和亚里士多德的哲学作为补充。

***

巴门尼德的认识论的首要观点是:只有永恒且不变的事物才能给人类带来真正的知识,而任何非永恒、可变化的事物只能给人带来主观认识,因为随着非永恒、可变化事物的改变,这类认识经不起反复推敲。柏拉图的态度与巴门尼德非常接近,他认为,数学就是典型的"真正的知识",因为数学就是对永恒实体的客观研究,而不是一堆抽象概念系统地堆叠在一起。柏拉图还认为,这个世界是不断变幻的"表象",人们对这个世界只能够获得主观认识,这种主观认识是暂时的、可变的,主观认识的对象的本质是不稳定、不可知的。

亚里士多德比他的老师柏拉图更为务实、谨慎,他认为,既然表象世界的不稳定性注定人们只能对其获得主观认识,那么在研究世界时就不应该过分追求"精确"。亚里士多德之所以提醒不要过分追求精确,一部分原因是他认识到人类对自身以及世界的强烈认知欲,他说:"人的本性驱使人去探究。"也就是说,人在求知本性的驱使下对任何事物都有"打破砂锅问到底"的钻研精神(Kiernan 1962,315),他将人的求知欲看作一种麻烦和障碍。亚里士多德对哲学界和哲学家的影响太过强大,在此,我不得不提醒诸位,在思想上要勇于打破权威灌输进我们头脑中的条框束缚,比如,亚里士多德对于人类求知欲的说法就值得推敲:很多情况下,人们不会不惜代价地追求真相,反而尽量避免令人不悦的真相,而维持表象和现状,用强硬的回答来应对难解的命题。

在此,我们必须讨论一下亚里士多德对于真理的定义,他认为一个正确的命题或说法是"断言是什么就是什么"(Kiernan 1962,496)。获得知识是为了能够说出什么是什么,但并不一定需要说出什么"永远"是什么,也就是说,亚里士多德认为,知识并不一定需要通过"永恒"这一尺度来衡量,而且亚里士多德认为知识有各种分级。但柏拉图则认同客观真理的存在且可知,真理的正确性是绝对的,而非相对或者可分级的。笛卡儿对待真理的态度与柏拉图一致。并且,不仅真理的正确性是绝对的,真理的精确性也是绝对的,也就是说,一个既成真理不包含半分含糊。总而言之,笛卡儿的哲学前提之一是,真理是既成的、绝对的、精确的。

以后现代主义为首的许多当代哲学家不认同客观真理和知识的存在,与其说笛卡儿提出了一个有意义和价值的哲学课题,倒不如说他其实是开创了一种思考人类的本质和数百年来的哲学发展的思维方式。后现代主义对笛卡儿的评价体现出，不同时代背景下产生的哲学思想存在着差异，不同的哲学流派提出的哲学思想也不尽相同。后现代主义的哲学方法与笛卡儿或康德的哲学方法大相径庭，甚至许多笛卡儿哲学的拥护者认为，后现代主义哲学家根本不懂哲学为何物（O'Farrell 1989）。

以中立的立场来看，虽然后现代主义者与笛卡儿派学者之间针锋相对，但是这两个哲学派别的哲学研究都符合塞拉斯的定义："最笼统、最宽泛的研究"，人们常常忽略这一点。由柏拉图、笛卡儿和康德确立的现代主义以确定性为导向的认识论传统其实深刻影响了当代哲学。后现代主义者和其他以相对主义为导向的哲学家认为，近代主义者对真理和知识的定义是有问题的，也是不可操作的。结果就是，这两派人之间相互攻讦（Prado 2003）。

了解哲学各流派之间的纷争可以帮助诸位读者更好地理解笛卡儿哲学，因为诸位读者可能在有意无意间受着各哲学思想流派的影响，这种影响的波及范围几乎涵盖人类思想的方方面面，如文学、社会科学等领域。几乎所有的社会工作者、历史学家、政治学家、英文教授或者文化人类学者都有自己对于真理的认识，厘清哲学各流派针对真理和知识的态度有助于诸位在阅读《第一哲学沉思集》时摆正自己的态度。

11. 读者的哲学环境

对于大多数人来说，哲学总是和人类学、自由意志、灵魂、上帝甚至"终极现实"联系在一起，许多人利用哲学解决道德问题、自由和责任问题、检验上帝的存在、讨论宗教传统和宗教义务以及"存在的意义"。这些课题都离不开针对笛卡儿派哲学的预设的讨论，尤其是关于真理的预设，比如，通过运用理性可以获得真理，且真理是客观的，与人或团体的立场无关。

如今，许多人认为，笛卡儿对真理的定义更像是对真理的"期望"。这些人认为，我们发现的所谓"真理"其实是人为的"伪真理"，我们获取真理的方式、衡量真理的标准都是人类对世界的主观解读活动，人类对理性和推理的理解也受制于时代和环境。他们认为，哲学不是为了获取真理而进行的理性活动，而是推导出已有结论或是重复验证自己固有观念的手段，哲学并不是以最宽泛、最抽象的方式进行思维活动，而是人类从最宽泛、最抽象的角度来解读思维。

我希望借此指出，诸位读者学习笛卡儿哲学的过程中面临着纷繁复杂的环境，充斥着各种流派学说，丝毫不逊色于笛卡儿本人面临的混乱论战。因此，诸位不可将学习笛卡儿哲学的过程看作在了解和学习哲学史，正因为近代主义哲学在当下面临着许多诘问和挑战，诸

第一章 走近笛卡儿

位更应该透彻地了解笛卡儿哲学,深入该哲学的核心,从而明白为何笛卡儿哲学曾经(甚至如今在某种程度上依然)统治着思想界。虽然近来面临着诸多挑战,柏拉图和笛卡儿的思想依然极大地左右着西方文化,甚至可以说是西方人思维模式的范本和组成元素,就连完全没有接触过哲学的西方人也会自发地同意真理的客观性,并将知识理解为对客观真理的阐述。虽然尼采否定客观真理的观点在学术界的影响越来越大,但西方大多数普通人依然难以接受"真理并非永恒且绝对的,仅仅是对于某个时代而言是真理而已"的观念,这些人同时也很难理解尼采对知识的态度:知识仅仅是观点、期望和规定。

诸位读者在学习笛卡儿哲学之前都会自知或不自知地站在近代主义或后现代主义、笛卡儿派或尼采派的立场上,而这种立场势必会影响读者对《第一哲学沉思集》的理解和吸收。诸位应该认识到,哲学学习过程给每个人带来的是一种深层次的变化,是对个人思想从里到外的洗礼。如果诸位读者将《第一哲学沉思集》中的诘问当作自己的困惑进行思考,你将会发现自己的思想经历了重塑。

***

许多人钻研哲学的原因并不是为了解决人类对自身的认识或形而上学问题,而是因为知识本身给人带来困惑,尤其是在笛卡儿的时代或我们的时代——这种思想界经历动荡和变革的时期尤为如此。尽管柏拉图与笛卡儿哲学思想统治了当下各个思想领域,如哲学、人类学、心理学和社会科学等，但是许多人依然认为，某个观点的正确性是与特定角度、特定时代以及特定群体挂钩的。人们不停地诘问，针对知识的传统定义究竟能否成立，也有人对将真理看作特定情境下产生的观点难以接受，他们的立场与笛卡儿一致，希望证明不受时空左右的绝对真理的存在，他们认为，要解决后现代主义对绝对真理的诘问，应该通过发展出更完备、更好的认识论，而不是重新定义真理或者抛弃认识论。然而，至少在19世纪之后，许多人相信，真理与确信没有存在的必要，也不可能通过任何手段获得。

笛卡儿关于真理和知识、传统或近代主义认识论的哲学研究有一个前提是，智力可以用来进行认知和研究，并且可以作为检测是否拥有知识的途径，而反笛卡儿派或后现代主义认为，我们知道的东西来自我们的身份和我们的经历，将传统或近代主义认识论看作不可能的任务；也就是说，知识永远受限于语言和文化、时代和主流，因此，无论是何种研究，无论再怎么严谨，都不能得出不受历史限制的"确信"——不受时代、语言、主流、文化限制的知识；也就是说，检验知识的立场不可能完全中立，不受任何时代影响；也就是说，研究认识论问题不可受限于形而上学的束缚，不可与经验主义科学家混为一谈，也不应该借助经验主义的理论或者研究数据。

诸位读者置身于一个后现代主义对笛卡儿哲学猛烈抨击的时代，如果要深入笛卡儿的哲学世界，诸位不仅要了解笛卡儿的哲学思想，还要理解笛卡儿哲学的价值和作用。哲学学习和所有思想活动一样，当已有观念遭遇新观念，碰撞和火花不可避免。如果你原本接受的是后现代主义哲学思想或是其他思想,理解《第一哲学沉思集》就意味着要理解与已有观念完全相反的观念,在这样激烈的思想碰撞下,你可能会经历尼采所说的心理状态:"这是我的观点,而你的呢?完全正确的观点是不存在的。"(Nietzsche 1968b, 307)虽然尼采的观点未必正确,但你确实需要在自己的固有观念和新观念之间做一个抉择。

不幸的是,大多数人在面对新观念时很难放弃自己的已有观念,然而,不能更新自己观念的人在哲学探索中注定是失败者。学习笛卡儿的过程为诸位提供了一个挑战固有观念的好机会,福柯认为,每个人都应该迎接这种挑战,将"不断更新自己的观念"当作一种义务(Foucault 1986, 9; 1989, 303)。

12. 如何最大限度地发挥本书的效用

本书的指导思想是不以总体视角介绍笛卡儿的哲学思想,因为,如果整体分析某个哲学家的全部思想,就会不可避免地对其思想的重要性进行分级:某些观点最重要,某些观点比较重要,某些观点不太重要。我认为,研究如笛卡儿这样具有重要影响的哲学家,可以抓住他的标志性哲学思想,《第一哲学沉思集》一书就囊括了笛卡儿哲学最核心的思想。本书也是笛卡儿所有著作中读者参与度最高的,因为本书的写作意图就是让读者将书中的沉思内容都当作自己的沉思来思考，甚至可以说，如果读者不将第二个沉思主题当作自己的沉思，是不可能取得任何进展的。

接下来，我将提供三个本书的阅读方案：你可先阅读本书再读《第一哲学沉思集》，两本书一起阅读或是先读《第一哲学沉思集》再读本书。如果本书出现在你的哲学课参考书目中，你的导师或许会给你一个阅读建议，但从我的观点来看，最有成效的阅读方案是将两本书结合起来阅读。

先读本书第一章和第二章，然后阅读《第一哲学沉思集》中的"写给索邦神学院的一封信"、致读者以及《第一哲学沉思集》的简介。读完本书第三章后，阅读《第一哲学沉思集》的第一个沉思，因为本书第三章主要介绍《第一哲学沉思集》的第一个沉思，接下来，用同样的方式阅读《第一哲学沉思集》的第二个沉思到第六个沉思，分别结合本书的第四章至第九章，最后阅读本书第十章。

这种阅读方法听起来或许有点复杂，但根据我多年教授笛卡儿哲学的经验，如上进程可以帮助读者获得对《第一哲学沉思集》的最大理解，也可以避免遗漏任何细微的重点和问题，最重要的是可以帮助读者充分融入沉思者的角色。

13. 阅读哲学

在此，我想要提醒诸位读者注意阅读初期可能需要克服的挫败感，毕竟《第一哲学沉思集》的许多内容在初读时会相当艰涩，必须坚持下去才能有收获。初读《第一哲学沉思集》之所以会产生挫败感，是因为《第一哲学沉思集》一书的许多观点会让读者重新审视自己的很多已有观点，而且说不定连读者都不知道自己原来拥有某些观点，因此，阅读哲学作品是充满挑战的体验。同时，阅读哲学作品还要求读者掌握与已有观念毫无关联的概念，这使得阅读哲学作品有相当的难度。但阅读哲学作品的这两个特点也向读者提出了一个说着简单做起来困难的要求：反复阅读。

理解一本哲学著作要求读者对其反复阅读。甚至诸位可以这样检验：从头再阅读本书的任意章节，画出你认为的重点，合上本书，过几个小时或者一天之后再重读同一章节，你就会发现完全不同的重点。从这一实验，诸位可以看出，哲学学习是一个动态发展的过程。你所阅读的每一个章节都会影响你对已阅读章节或将阅读章节的理解，而你的大脑对任何一个输入的想法都在你不知情的情况下慢慢地进行着消化和吸收。

我建议读者将每一本哲学书至少阅读三次。第一次是泛读，过程

从笛卡儿出发
Starting with Descartes

中遇到了不解和困惑也不要停留,一口气读到底,这是为了对全书有一个大致的认识,了解本书类型、重点、观点和结论。第二次阅读时要精读,但第二次阅读距第一次阅读最好有一两天的间隔,在这期间,思考书中令你印象最深刻的内容。第二次阅读时你会惊讶地发现,不仅对难点已经无师自通了,而且整本书的内容也串联起来了。每一次重读著作,你对全书的理解就会到达一个新的层次。

第三次阅读则不太一样,第三次阅读某一作品时,你对作品已经相当熟悉,此时,你应该寻找令你感到不自然或者刻意的部分以及看起来和全书思想不相容的部分,你应该注意那些没有相应论证的突兀观点以及表意不明确的模糊观点。当然,你同时也要注意让你感到困惑或者你认为是可有可无的论证。在第三次阅读时可以不停地问自己:"拥有什么观念的人才会说出这样的观点?""为什么作者认为这一观点不需要论证,而可以直接推出结论?"同时,还要注意,作者使用的常见词汇别有深意,并非平时人们使用该词汇时所表达的意义,有时作者会扭曲某些词的意义,以使人们接受自己的观点。

***

我之所以提醒诸位格外小心作者用常见术语表达非常见意义,是因为偷换概念正是许多哲学家(无论有意无意)欺哄初学者的手段,也正是因为这样,一本哲学著作才需要读者们反复阅读。例如,笛卡儿使用的"概念"或"拥有概念"的意思是将意识活动看作拥有概念,

第一章 走近笛卡儿

通过这一概念转换,他将"感知接收"偷换成"感知理解",将"想法"偷换成"感觉"。关于这一点,本书的第四章将会重点讨论,这里点到即止。初学者往往很难识别这种概念偷换,然而,甄别这种概念偷换对于正确评判全书思想又至关重要。笛卡儿使用"概念"来指代意识的全部内涵,而将拥有感知体验视为在心灵中形成概念(通常人们认为,概念是在作为器官的大脑中形成的)。笛卡儿以为这都是大家非常熟悉的概念,然而,他使用的这些概念的真正意义却不是大家所熟悉的那层意义。

笛卡儿对良知的理解是良知存在于心灵之中,而世界上发生的事件则存在于心灵之外,注意这一概念并不需要人区别知觉能力和良知。笛卡儿认为,无良知的实体像机器一样没有情感,比如,动物其实并不会感到痛苦,它们表面上虽然有一些反应,但内心其实并没有痛苦的情感。

许多读者单纯地将笛卡儿的"概念"理解为包括了良知的意思,将意识的内容看作拥有概念。笛卡儿常常能够引导人们相信,我们对世界的感知纯粹是在自己的心灵中形成的对包括我们自己的身体在内的外在世界的一个个映像。在笛卡儿的这个定义下,人们对外在世界无法直接产生认识,因此导致了认识论上的问题。

通过将知觉意识定义为拥有概念,笛卡儿偷偷修改了意识的本质定义,并成功地将人与世界隔离开来,将人的知觉的内容(如感觉和痛苦)定义为发生在心灵内部的,对心灵外部世界(包括身体内部)所发生的事物的反映。而因为笛卡儿将概念定义为我们认识到的一切，那么问题来了：对于心灵之外的世界，人的心灵如何能够获得认知和知识？此处的重点就是语言的重要性以及"概念"一词的特殊用法。哲学著作阅读起来不易，因此更要求我们反复、仔细、透彻地阅读。

14. 阅读中的困难

　　然而，不幸的是，许多哲学初学者认为，阅读文献是我们学习哲学的途径，正如阅读文献可以帮助我们学习地理和历史一样。你应该通过阅读哲学文献掌握哲学研究的方法，而不是通过阅读哲学文献学习哲学思想。哲学并不是某门学科或者某种知识的总和，而是一种思考的方式。在哲学启蒙阶段，人们容易误入歧途，因为学习哲学需要人们通过阅读哲学文献来学会哲学研究方法，但是又不能被特定的文献中的观点所限，使文献阅读变成单纯的信息吸收。

　　横亘在初读哲学著作的学生面前的困难有很多，例如关键词的解读。作者有时会反复使用同一词汇，读者要注意甄别其间出现的任何词义不统一的情况，有时作者会偏好使用某些词，于是同一个词就可能一词多义，笛卡儿使用的"概念"一词就是一个很好的例子。

　　同时，读者们还需要注意，作者提出了一个观点却没有提供任何其他选择的情况，有些哲学观点不够具体，没有针对性。甄别这类观点

第一章 走近笛卡儿

可以用一个办法：给这一观点找一个相反的观点，如果针对这个观点提不出反对观点，那么这个"观点"等于没有表达任何观点。

同时，你还应该牢记甄别观点正确性的方法，每当遇到一个观点，都应该思考这一观点的成立需要什么依据。通常我们在甄别非哲学问题的正确性时，都是使用经验主义的方法，也就是说，我们会看实际情况确定是否支持该观点的成立，但是遇到哲学问题，我们无法通过观察或者通过个人经历来验证哲学观点的成立与否，所以，我们需要搞清楚某一哲学观点的成立依据。

哲学家常用"假想经验"或者说是仔细描述一个虚构的情形来支持或反驳某一论点，这种方法对于初学者而言非常具有迷惑性。这类经验或情形被虚构出来的目的就是为了支持或者反对某一论点，而这类情形没有客观的检验标准，唯一的区别就是主观的接受与不接受，但对假想情形的检验的可行性建立在一个前提下：只要我们足够谨慎和客观，我们的良知会引导我们正确判断假想情形的成立与否，因为良知深深地植根于人类理智。然而，如果良知本身有问题，或者良知其实只是教育经历和期望的产物，那么良知就不是完全理性的，用良知检验假设就是有问题的。

作者使用词汇的方式会引发理解的问题，而且读者对词汇的解读也会引发问题，因此选一本好字典至关重要。在本书末尾有词汇解释表，或许会对诸位的阅读理解提供些许帮助，但是术语表不能代替一本好字典。我建议诸位选择非删减版字典，并且一有机会就要使用，碰到任何没有完全把握的词就查字典。我在教授笛卡儿哲学的这些年，

从笛卡儿出发
Starting with Descartes

碰到过太多因为单纯没有弄清楚词义而误解笛卡儿的著作的学生。

最后，许多人在阅读哲学著作时常常会忘记或者忽略常识的重要性。因为哲学一直被认为是高深的学问，所以，许多人在阅读哲学著作时往往认定这些著作就是艰深晦涩的，就该是不可能被人轻易读懂的，甚至有人将哲学著作的读者在阅读之后似懂非懂的状态当作哲学学习的必然结果。但哲学家并非圣贤，也会犯错误，作品难懂也不意味着其思想高深。因此，读者应该有挑战哲学名家的勇气，你读不懂的原因不一定是书中思想高深，说不定就是因为作者的表达或者思维混乱。

另一点就是，对于书中出现的令你感到模糊或者混乱的部分不要下意识地马上拒绝，而应该保持开放的心态和变通的思想，哲学家们总是希望从最基础的层面彻底改造受众，因此，如果你希望从哲学中受益，你就要做好准备让自己最坚定的信仰、内心深处的价值观迎接冲击和改变，在轻信和心态的开放之间寻找一个平衡点。比如，笛卡儿声称"此时此刻你可能正在做梦"，听起来荒谬不羁，但是，如果这是某一论证的前提，为了研究和讨论这一论证，你也必须先假设该说法成立，然后在此基础上推敲整个论证。同时，你还需要在其方法论的怀疑的大框架下进行讨论，不过分解读原文。

第一章　走近笛卡儿

15. 一些实用的观点

《第一哲学沉思集》有多种版本和译本，其中较好的是约翰·科廷厄姆的译本，该译本中由伯纳德·威廉斯撰写的引言非常实用，并且收录了笛卡儿对反对者的回应（Cottingham 1995）。

科廷厄姆的译本中，《第一哲学沉思集》原文占第12页至第62页共51页的篇幅，这与许多动辄300页的哲学著作相比实在袖珍，因此我鼓励大家反复阅读此书。如果要给《第一哲学沉思集》加上必要的解释使之通俗易懂，它的最终篇幅将会有153页，依然是一般哲学著作的一半。

***

在本书的目标受众——哲学初学者看来，前面这些章节所提示的哲学学习方法似乎令人无所适从，但请诸位相信，这些方法是经过了实践检验的。在接下来的章节中，本书将开始正式介绍笛卡儿思想，但在本章的结尾，我想请诸位回想一下关于"反复阅读"的建议，不妨将其在本章一试。

笛卡儿和他的哲学目标

第二章

从笛卡儿出发
Starting with Descartes

勒内·笛卡儿通常被描绘成划时代的哲学大家，为哲学界注入了全新的思想，笛卡儿之于哲学界就好像伽利略之于天文学界。笛卡儿的成就最突出的领域是数学（Matson 2000, 317），而将笛卡儿描述成像伽利略那样具有创新意识的思想家，似乎在暗示笛卡儿是反对且攻击中世纪哲学的方法和观点的（Debus 1978）。此外，当时的教会对笛卡儿哲学也反响强烈。然而，笛卡儿的本意却没有希望自己的哲学成为"创新"，他压根没打算颠覆哲学界。

笛卡儿提出这个看似创新的方法论怀疑法，其实是为了一个相当保守的目的：他在见到伽利略等人给思想界带来的混乱之后，希望通过确立绝对真理来保证知识界不受到类似的冲击。他认识到，之所以有许多现行思想观点受到冲击，根本原因是这些思想观点本身存在问题。因此，他的目标是排除和预防所有有缺陷的知识，从而避免思想论战。他相信，一旦人们确立了永恒真理，人类的思想界就可以永远避免类似伽利略在当时引发的那种混乱。

我们需要理解笛卡儿为什么会有这样一个目标。首先，笛卡儿将知识看作一个整体，也就是说，他否定将知识分门别类成各个学科的

第二章 笛卡儿和他的哲学目标

做法。在笛卡儿看来,知识不能分成物理学、社会科学和艺术等,所有的知识是一个整体,正因为知识具有整体性,所以,知识可以建立在为数不多的一些基础真理上。

正如斯诺(1905—1980)曾说的那样,人类文化将人文知识和科学知识彻底分离并对立起来,此外,人文知识和科学知识中又有各种细分的科目,如生物、化学或者文学、历史。将知识进行领域上的细分之后,人们便不可能去追求一种能够支撑所有知识建立和发展的基础性真理或是一种能够用来衡量所有知识的评判标准。而笛卡儿将知识看作一个整体,以完全的理性为特征,因此,我们可以用基础真理来支撑和评判所有的知识,而且只要我们花的时间足够多,就可以在这些真理的基础上发展出人类的所有知识。笛卡儿还提出了一个令人眼前一亮的确立绝对真理的方法,并且通过这一方法甚至可以确立所有人类知识。这样一来,人们便再也不需要经历任何思想变革或者思想混乱。

***

笛卡儿有一个真理—知识倒金字塔模型,在这个模型的底部是一个最重要的毋庸置疑的真理。这个真理可以作为一切其他真理和知识的衡量标杆。笛卡儿相信,一旦他"找到了这个确定无疑的真理"[Descartes 2, 23 (1, 149)],就可以发展出自己的一套认识论体系。

笛卡儿认为,如果要得到完全可靠的真理,必须怀疑一切,从而

从笛卡儿出发
Starting with Descartes

通过排除法获得一个可以经受住一切怀疑和推敲的真理。他认为,任何"不完全确定无疑"的都不能成为信仰,因为任何"不完全确定无疑"的在他眼中等同于"错误的"[Descartes 1, 17(1, 145)]。另一个法译英版本将这部分表达得更加清楚:"笛卡儿一视同仁地将所有不完全确定无疑的信息和所有明显是错误的信息一并否定。"(Haldane and Ross 1969, Vol. I, 145)无论哪一个翻译版本,笛卡儿的方法论都是将任何存疑的观点视为错误。并不是说笛卡儿将任何可能错误的都看作错误,将可能正确的都看作正确,而是将任何不是"毫无疑问"正确的都看作错误。他的原则是利用极端的方法论怀疑发现极端的真理。

***

笛卡儿的方法论的怀疑有一个前提:当我们将人类思维中所有的存疑思想全部排除之后,剩下的(如果有的话)就是绝对的知识。笛卡儿却没有考虑过万一人类的全部思想都经受不住方法论的怀疑的检验的情况。这也是反对者常提出的挑战之一:如果笛卡儿不确定上述情况会不会出现,他如何能够有自信通过方法论的怀疑获得真理?后现代主义对笛卡儿哲学常见的一个反驳就是:方法论的怀疑的目标就是其成立的基础。

笛卡儿认为,理性是照亮真理的"光",用理性就能看见真理,正如在灯光下就能看见颜色一样。虽然笛卡儿的这一比喻非常形象生动,但它未必完全贴切,毕竟视觉是肉体的机能,而感知真理却是一种思维活动。

笛卡儿设想,一旦人类认识到了一个真理,我们就有了衡量一切其他知识的量具和标准。那么通过这一个真理的比对,我们就可以检测所有的潜在真理,正如使用比色卡对比织物的颜色,如果比色卡和织物之间有色差,那就说明织物的颜色不对。类似地,笛卡儿认为在真理和真理之间也可以观察到相似性。另外,笛卡儿还认为,真理和谬论之间的区别也是显而易见的。因此,只要我们确立了一个真理,那么其他任何思想的正误都可以通过比对这一真理来确定。如果某一论点与样本真理具有同样的明确性,该论点就成立;反之,如果某一论点在任何层面与样本真理存在着差异,该论点就不成立或者至少是存疑的。

笛卡儿的期望"一旦我们有了一个真理的样本,就可以判断所有论点的正误"可以说相当天真,并且这也暴露了笛卡儿思维的局限性。可以说很多人也抱有同样的期望:找到一个防止和解决观念纠纷的"万金油"。笛卡儿忽略了一点,那就是人们通常会选择性地接受自己想要的信息,而且笛卡儿也忽略了在实际生活中概念或者客观事物都带着朦胧和暧昧。

通过揣摩笛卡儿的"比色卡"的比喻,诸位读者可以总结出学习哲学过程中需要注意的一个问题。即使是用视觉去比对颜色,我们也无法精准地判断两个颜色是否一致,因为在比较的过程中,参与比较的两个对象本身就无法被完全观察清楚,而观察的角度也是多样的,最终就变成了人的主观判断在决定比较的结果是否一致。但按照笛卡

从笛卡儿出发
Starting with Descartes

儿的意愿，这种比较的成立基础应该是比较对象与参照标准之间存在的明显差别，因为有这种客观差别的存在，所以比较才能够成功。在笛卡儿看来，在"理性之光"的照耀下，这种差别绝对是显而易见的（Buchler 1955, 228）。

设想一下，即使笛卡儿关于样本真理以及使用样本真理判断人类知识的一切前提都得到满足，还有一个问题值得人们思考：世界上总共有多少在理论上符合条件，在实践中具有实用价值的真理？笛卡儿在数学领域列出了许多明确的真理，但是，历史领域、心理学领域或者人际交往领域等应该怎么办呢？

笛卡儿在真理的参照方面强加了许多假设，这导致了不少问题。如果真理和真理之间存在相似性，那么真理和谬论之间存在着什么呢？是谬论和真理之间存在着各种各样的差异，还是所有的谬论都有一个共同的特征而笛卡儿没有指明？

在实际使用真理作为参照系的实践中，还有一个棘手的问题，那就是我们究竟应该比较什么？是将被比较的知识的内容与真理进行对比吗？一个既成真理如何能够与一个内容与之无关的知识进行比较？答案显然是不能。这样看来，似乎笛卡儿所说的将某一信息与真理进行对比在实践中并不是指内容上的对比，而是在"理性之光"的照耀下，一切真理都会显现出共同的本质。

请诸位读者耐心思考以下两种情形：第一种情形，分别确认陈述甲、陈述乙和陈述丙为真；第二种情形，确认陈述为真的条件，由于陈述甲、陈述乙、陈述丙皆符合该条件，因此陈述甲、陈述乙、陈述丙皆

第二章 笛卡儿和他的哲学目标

为真。这是完全不同的两种情形。在《第一哲学沉思集》中，真理被看作一种属性，任何真理都具有真理性，并且人们也可以通过识别某一陈述是否具有真理性来判断该陈述是否为真。

***

分析法的使用是笛卡儿哲学中确立真理和发展知识的方法论的核心。分析法就是将复杂的理念进行拆分，得到一系列组成"元件"，也就是组成该复杂理念的所有简单概念，将这些组成元件一一与真理样本相比较，如果每一个都能够与标准真理相匹配，则该复杂理念为真。这就是笛卡儿哲学的方法论：使用分析法将某理论化繁为简，然后将所得的每一个组成元件与作为样本的真理进行比对，只有当所有的零部件都经受住了样本真理的检验之后，整个理论才能够成立。

此外，这个拆分—比照的过程能够确立某个特定复杂理论的真理性，由于这一复杂理论又可以成为更加复杂的理论的组成部件，所以，此过程反过来还可以用来发展人类知识。这就是为什么笛卡儿相信人们最后可以获得全部反映现实的知识的原因。当然，人类能够获得的知识最终会受到人类的智力的限制。许多形而上学的知识（比如上帝的真实面目）就是人类的头脑无法理解的，但是退一步说，人类也没有必要完全了解这类知识。

诸位的脑海中或许已经浮现出这样一个问题：笛卡儿凭什么认为所有的知识都可以被拆分成可以用来与真理样本比对的"零部件"？

他又是凭什么认为简单知识可以被整合成复杂知识？或许在物理、化学领域，知识的拆分和整合还可以操作，但是社会领域或者历史领域的知识呢？以经济领域的个人资本净值为例，如果我们仔细揣摩这个概念，我们会发现这其中包含不少心理学领域的知识，因为在评估一个人的资本净值时，还需要考虑此人提升个人资本净值的意愿，而这种意愿是无法用笛卡儿确立的标准进行评估的。

***

笛卡儿的哲学目标除了用确定无疑的真理来支撑人类知识以外，还有其他一些次要的目标。首先就是概念（idea）的本质以及概念的来源。笛卡儿所说的概念指的是一切思维活动的产物以及一切人类意识的认知对象。笛卡儿认为"思考"的意思就是拥有概念："思维一词的含义包括一切人类直接意识到的事物""概念则是人类理解一切思维的形式"（Descartes, *Arguments*, Haldane and Ross 1969, Vol. II, 52）。这也是《第一哲学沉思集》的读者常常忽略的一个背景知识：笛卡儿使用的概念一词指代的对象非常广。在笛卡儿看来，人类之所以拥有意识和感知，其根本原因就是产生了概念。广义来说，我们是身体与心灵的结合体，但本质上，我们都是寄宿于身体的心灵，我们的周遭环境包括身体以外的世界以及身体本身，而来自世界和身体的信息都以概念的方式呈现给我们的心灵。

笛卡儿对概念的定义衍生出了许多重要的哲学思想，比如洛克和休谟的经验主义。正如理查德·罗蒂（Richard Rorty, 1931—2007）所说，"近代人们使用的概念一词沿用了笛卡儿的定义，其创新之处在于将概念看作发生在人的身体内的对感官体验、数学规律、道德准则、对上帝的认识、情绪等所有一切思维性对象的'观察'"（Rorty 1979, 48—50）。

要理解笛卡儿是如何将意识等同于"拥有概念"的，我们需要理解"心灵拥有对自我的充分感知"。笛卡儿明确表示，心灵对存在于其中的每一个概念都具有认识（Descartes, *Reply to Objections IV*, Haldane and Ross 1969, Vol. II 115）。此外，笛卡儿于1641年在写给梅森牧师的书信中指出："我说的概念是指人类进行感知活动时出现于人类心灵的一切事物。"（Kenny 1970, 105）在笛卡儿眼中，像弗洛伊德的潜意识学说之类的理论纯属无稽之谈。

根据这一定义，概念是呈现给心灵的，是意识的内容。但是，概念作为意识的内容，其来源是什么？人的心灵为什么会获得概念？即使上帝不存在，概念也一定有一个源头，正如万事万物都有来源，必然有一样什么东西导致了概念的产生。接下来，笛卡儿就讨论了概念的来源，通过追溯概念的来源，他区分了真实事物的映射导致的概念和其他原因，如错觉导致的概念。

笛卡儿认为，人们将所有的概念都视为真实事物的映射，但实际上有一些并不是。他的方法论中有一部分内容就是首先以中立的态度对待概念，讨论概念时先不论概念反映的是否是真实事物。但在这个方法论中，有一个概念必须要排除在外，那就是关于上帝的概念。因为

从笛卡儿出发
Starting with Descartes

笛卡儿重要的论点之一就是，要获得关于上帝的概念，必须先理解上帝的存在，对此，他提出了两个论证，一个是他自己提出的论证，一个是借用的传统的论证，来证明关于上帝的概念确确实实反映的是事实。

笛卡儿对概念的定义常常被解读为"脑海中的画面"，这种解读其实并不准确，本书下一章将会着重强调这一点，人之所以被看作有思想的生物，并不仅仅是因为人能够在脑海中产生画面或影像。但是，人们很难就"心灵是如何拥有概念的"给出一个精确的描述。笛卡儿对概念的定义显得扑朔迷离，稍后我们再来深入讨论这一点，现在诸位读者只需要有一个大致的印象，不要将笛卡儿所说的"概念"单纯地想象成脑海中的画面或者影像。现在，我们先这样理解笛卡儿的"概念"：概念是心灵的观察对象，这种观察类似于视觉观察，但并不完全等同，概念可能是外在现实呈现在心灵中的倒影，但概念的来源并不仅仅局限于外在现实。在本书接下来的讨论中，我们还会对这一理解进行修正。

还有一点需要诸位注意的是，在笛卡儿的定义中，即使是来自自己身体的任何部位的感知也同样是在心灵中产生概念，并且这类概念的真正来源需要进一步考证。也就是说，虽然表面上概念可能来源于感官上的体验，可能来源于客观世界的某个事物，实际上却未必如此。概念是被动的、非活跃的，是心灵的观察对象。概念不能被定义为对某种事物（即使是身体内部的感受）的真实反映。笛卡儿认为，包括身体在内的任何事物都不是概念产生的源头，但这里的"任何事物"不包括上帝。

第二章　笛卡儿和他的哲学目标

***

对初学者来说，笛卡儿对意识的定义或许不难接受，毕竟我们通常也认为意识就是大脑和神经系统的复杂活动，但笛卡儿的观点和生物科学的这一说法并没有关联，笛卡儿的关注点在于那个自有永有的、非物质的、有意识的心灵。

要理解笛卡儿对意识的定义，我们首先应理解笛卡儿哲学追求的核心：将一切意识等同看待，一切意识都是指拥有概念。这样一等同就确立了笛卡儿的整体怀疑和全面怀疑方法论的可能性，因为所有的意识活动彼此之间不再有区别，所以笛卡儿的方法论从理论到实践都可以施加在一切意识活动上，而不需要考虑特定意识活动的来源或任何其他因素。笛卡儿将意识定义为拥有概念，并将概念定义为纯粹的发生于非物质心灵的思维性现象。这样一来，在笛卡儿的普遍怀疑论下，无论是数学定义还是肢体感觉，所有的概念都拥有同样的认知状态，任何知识的确定性都同样不明朗，但是有一个概念例外，那就是对上帝的概念。

心灵独立于一切概念，在下一章我们将会提到。笛卡儿认为，心灵独立于一切存在于心灵之中的事物（除了对上帝的概念），也就是说，心灵不受其内容（除了对上帝的概念）的影响。笛卡儿不认为某些概念比另一些概念更加真实地反映了现实世界，比如，人们通常认为触觉比视觉更真实，但笛卡儿不这么认为，在他看来，无论是触觉还是视觉,都具有一样的性质,除非能够有办法证明某个概念与真实事物存在联系,否则的话,所有的概念都只是心灵的内容物。在本书第七章,我们将会提到,笛卡儿看待概念的态度决定了其第四个沉思中对错觉的解释。

理解一切概念的等同理论可能是学习笛卡儿哲学最大的难点,但困难之处不仅仅在于该理论的新颖性,更在于许多初学者不假思索地就接受了这一理论,甚至都没有弄清楚这一理论的真正含义。他们接受这一理论,是因为套用了自己的知识储备和自己对意识和概念的理解,以为笛卡儿所说的"心灵"就是当时人们用来称呼当今科学中的"大脑神经系统"的词。这种理解是大错特错的。现在对于人类意识的解释是一系列神经元的活动,心灵或者说大脑就是神经系统活动的结果,然而,笛卡儿所说的心灵却是先于思维活动而存在的独立的拥有概念的实体。因此,我想要强调,笛卡儿所说的心灵(mind,在英语中有"心灵"和"大脑"之意)和人们现在所说的大脑指的不是同一种事物。在阅读《第一哲学沉思集》的过程中,读者绝不能误解心灵的含义,不能将现在的词义代入。

那么,也就是说,笛卡儿认为,人有意识就是拥有概念,人的意识先于其他一切而存在。因此,人们对自己的身体产生的概念,比如头痛或者弯曲手指,与对外界事物产生的概念是一个性质。换句话说,一切概念都需要首先证实其真理性。

第二章 笛卡儿和他的哲学目标

***

如果说笛卡儿认识论的核心是方法论的怀疑,那么笛卡儿关于心灵以及心灵的内容物的说法中最重要的形而上学的含义是,我们每一个人都是纯粹的意识性存在,可以通过拥有概念来认识我们自身以及周围的世界,并且有一些概念确实代表了或者说来源于现实,这一现实并不受其反映在心灵中的相应概念的影响。根据笛卡儿的说法,心灵是不占据物理空间的,意识也一样。对于物质性的事物的概念,如其他人甚至自己的身体,都需要经过证实才能够作为知识的来源。我们必须通过笛卡儿确立的对真理性的考量方法来确定自己拥有身体,其他人是存在的或者物质的物体是存在的。也就是说,我们要对所有概念进行仔细甄别,找出正确反映事实的概念,否则的话,所有的概念都还是未经证实的推测。因此,方法论的怀疑的实际应用,也就是如何发展认识论体系,是人们思想活动中最重要的课题。

在真正开始接触《第一哲学沉思集》一书前,我再次强调一点:一定要将书中的每一个沉思当作自己的沉思来思考,将自己想象成笛卡儿。当笛卡儿在书中使用"我"时,你要把这个"我"当成自己,否则的话,你无法完全理解《第一哲学沉思集》想要表达的东西。笛卡儿写作《第一哲学沉思集》的意图就是希望给读者提供一个自己探索真理并获得真理的指南,而不是给读者提供一堆观点。因此,必须是读者自己在怀疑一切事物的真实性,必须是读者自己在怀疑自己是否在

从笛卡儿出发
Starting with Descartes

做梦,必须是读者自己要摆脱邪灵的搅扰,必须是读者自己通过怀疑自己的存在从而明确了自己的存在。然而,如果读者用第三人称阅读《第一哲学沉思集》,就永远无法融入笛卡儿的世界或者理解他的哲学诉求。在接下来对各个沉思的讨论中,我将会尽量使用现在时态,以免读者对《第一哲学沉思集》一书产生距离感,也希望诸位读者不要将《第一哲学沉思集》当作年代久远的哲学古籍来看待,不要只是"阅读"《第一哲学沉思集》,而要付诸行动,自己进行沉思。

小结

在本章最后,我再总结并重复几个要点。笛卡儿希望能够给人类知识打下一个坚实的基础,排除一切有错误的人类知识,以防止今后对这些知识的修正给思想界带来混乱。笛卡儿的做法是,怀疑一切可怀疑的事物,希望借此找到至少一个无法被怀疑的真理,而真理无法被怀疑的原因是真理本身的明确性。一旦获得了一个确凿无疑的真理,笛卡儿就可以借助这个真理来检验其他知识的真理性,并且人们可以借助这个真理重塑整个人类知识体系。

从积极的方面来看,笛卡儿的怀疑分析方法论以及纯理性是极其新颖且具有极大价值的哲学方法。笛卡儿还重新定义了意识以及意识的内容,并由此产生了经验主义,极大地影响了自欧洲哲学时代至今的哲学思想发展。而且笛卡儿的创新还为人们提供了一个新颖的对上帝的存在的因果论证。

从消极的方面来看,笛卡儿的哲学没能将方法论的怀疑运用得足够严谨,至少没能达到他一开始的设想。笛卡儿的部分前提和假设存在问题,其中最重要的就是:没有考虑语言对思维的作用,在哲学论证中高估了记忆的可靠度,对实体的概念没有严谨的考究,以及在定义"概念"时不够明确。

接下来,我们来看一下第一个沉思。

第一个沉思：方法论的怀疑

第三章

从笛卡儿出发
Starting with Descartes

我们现在对第一个沉思的论证其实已经有了一个大致的概念。笛卡儿在进行了必要的铺垫之后，首先怀疑的是感官感受：他提出，他所知的一切"都是直接或间接地通过感官获得的"，但是他同时也指出，感官有时候欺骗了他[Descartes 1, 18（I, 145）]。

感官有时具有欺骗性，历史和经验也证明，通过感官获得的信息是不可靠的，人们无法通过感官直接获得具有确定性的真理。至此，笛卡儿尚未将通过感官感知的信息归为心灵中出现的概念，也尚未提出这些具有客观来源的概念是否可信的问题。笛卡儿的观点很大程度上复制了皮洛（Pyrrho，公元前360—前270）和赛克斯都·恩披里柯（Sextus Empiricus，约200）等哲学家提出的怀疑主义，这种怀疑主义的手法就是通过以往感知出错的经历得出通过感知获得的知识不可靠的结论。虽然这种论证手法实际上有以偏概全的嫌疑，因少数出错的感官经历而否定了所有的感官经历的可靠性，但是，这种怀疑论在笛卡儿之前的1000年间却着实发挥了成效。然而，笛卡儿的怀疑论与皮洛的又不完全相同，因为笛卡儿的怀疑论继承了柏拉图对知识的定义：知识是绝对的、确定的、不变的。

第三章 第一个沉思:方法论的怀疑

但是,请诸位注意一点,那就是皮洛和笛卡儿等人的怀疑论所指的感知错误和另一种(我暂时称为)对感知的异常解读。异常解读的例子有:你看到远处有一个人,但无法分辨他究竟是陌生人还是你的朋友。在这种情况下,感官并没有欺骗你,只不过是你没有足够的细节,所以无法获得确切的信息。另一个例子:近处的铁路看起来宽,而远处的铁路看起来窄,这也不是视觉出现错误,而是透视导致的。赛克斯都曾提出这样一个用于怀疑论的例子:一个刚刚运动过的人把手伸进一盆水里,感觉水是凉的;而一个没有运动过的人将手伸进同一盆水里,感觉水是温的。但这个例子也不能说明感知会出错,只能证明通过感知人们无法获得确定性。如柏拉图所说,感知可以给人"观点",却不能给人带来"知识"。

笛卡儿是这样运用怀疑法的:怀疑自己可能是在做梦,那么自己看到、听到、摸到、尝到和闻到的一切都是梦境的一部分而非现实。这样一来,笛卡儿将怀疑的范围从一部分感知可能出错拓展到了所有的一切都可能是幻觉。我们大多都有从一个非常生动的梦中醒来的经历,因此,我们不难想象笛卡儿举的这个例子中的情况,但难点在于理解笛卡儿举这个例子的目的,那就是他希望将怀疑法运用在所有的感官知觉上。

笛卡儿的梦境假说还可以这样解读:既然在梦境中不存在必然的因果,而我们又无法确定自己不在梦境中,那么也就是说任何因果都不可信(Wilson 1978)。这种解读其实道出了笛卡儿的真正意图,这也说明了哲学解读的复杂多样。在这一解读下,也就是说,只要我们无

从笛卡儿出发
Starting with Descartes

法证明自己不是在做梦，就无法通过感官获得确切的知识，因为因与果之间的联系不一定存在。那么这里的问题关键就不再是人的感知是否会出错，而是这个世界是否真的如同我们的感知所反映的样式。如果这样解读笛卡儿的梦境假说，那么笛卡儿在《第一哲学沉思集》中做出的立场让步就不难理解了：笛卡儿在《第一哲学沉思集》中称，时间相干性能够帮助我们分辨做梦的状态和清醒的状态。换一个方面来看，梦境也不完全是虚假的，正如清醒的状态中人们也无法保证感知的精确性。

但问题在于，如果不进行认识论讨论，我们很难接受"我们在任何时候都可能在做梦"这一说法。笛卡儿希望人们将一切感知体验都怀疑为梦境，然而，大多数人也许只能做到怀疑部分感知体验可能出错。但无论我们清醒时的体验多么真实，我们都可能是在做梦，这一点在逻辑上是具有可能性的。

承认梦境假说的逻辑可能性就意味着我们可以说："无论我再怎么确定自己是清醒的，我也还是有可能在睡觉并且在做梦。""做梦"这一状态还可以用一些其他状态来代替，如使用了某些药物之后的状态。任何一秒，我们都可能突然从眼前的这个"梦境"中清醒过来。这就是笛卡儿希望人们接受的观点，而我们或许也很难找到不接受的理由，但问题是，我们仅仅接受该观点就可以吗？要完全掌握笛卡儿的方法论的怀疑甚至要求我们怀疑自己的意识，而仅仅承认一切感知都可能出错是远远不够的。

如果你已经接受了笛卡儿的梦境假说，即便只是承认其逻辑可行

第三章 第一个沉思：方法论的怀疑

性，笛卡儿的普遍怀疑论就有了成立的基础。我们所意识到的一切都可能是幻觉，但是，如果我们能够找到一种确定无疑的事物，那就是笛卡儿的方法论所要求的真理样本了。然而，仅仅凭借梦境假说是不足以产生整个笛卡儿的怀疑哲学的。笛卡儿还提出：在梦境假说确立的前提下，我们对一切感知体验都可以产生怀疑，但不包括一样东西，那就是理性。又因笛卡儿将理性本身看作观念的来源，所以为了讨论的全面，笛卡儿必须将理性也划入怀疑对象。

梦境假说的不足之处在于，虽然梦境假说指出了感官感知的欺骗性，但是有些事情是不需要怀疑的，比如，5加5无论是在梦境中还是在现实中都等于10，三角形的内角和无论是在梦境中还是在现实中都是180°，即使在逻辑上我们也不可能承认这些可能是错的。如5加5等于10这个例子中的以人类理性为依托的"真理"，被称为"理性真理"，毫无疑问，这些即使在梦中也是真的。那么，笛卡儿有没有办法怀疑"理性真理"呢？

笛卡儿的办法是设想一个"邪灵"的存在，这个邪灵是"理性真理"出现错误的源头，他的原话是"我假设有一个邪灵使尽浑身解数来欺骗我"[Descartes 1, 22（I, 148）]。如果笛卡儿相信5加5等于10，但实际上5加5等于12，就是邪灵欺骗了笛卡儿的理性，使得他以为5加5等于10。

在此，我提醒诸位，无论是学习笛卡儿的哲学还是学习任何哲学思想，都要不遗余力地体会作者的观点。现在就停下来想一想笛卡儿的邪灵理论，如果你感觉有一丝半点儿的不对劲儿，即使你不知道是

从笛卡儿出发
Starting with Descartes

什么触动了你，也说明你已经开始感受到笛卡儿哲学的本质，也说明你在哲学方面的良知开始萌芽。邪灵理论确实存在问题。许多初学者会忽略邪灵假说中的对象导向型本质。我所说的对象导向型的意思是：梦境假说针对的是思维活动的对象，而不是思维活动本身；邪灵假说针对的则是理性真理，而不是理性或者推理活动本身。

对笛卡儿哲学了解不多的现代主义哲学拥护者常误解笛卡儿的邪灵理论否定的是推理过程中的理性本身，但事实并非如此。如果说邪灵假说否定的真是推理本身，那么笛卡儿根本无法进行接下去的对真理的搜寻，因为要解释邪灵为什么无法歪曲人们关于真理的推理、关于上帝存在的概念、关于自己的存在的概念以及关于世界的存在的概念就变成了不可能的任务。但笛卡儿并没有受到这类问题的困扰，因为他的否定重点不是推理活动，而是推理活动的产物。

笛卡儿认为，思维活动就是产生概念的活动，这一点很明显地体现在其后的经验主义者（如洛克和休谟）的著作中，对思维活动的这一概念的本质的定义是被动的。经验主义者，尤其是休谟，将思维活动和推理活动都看作对概念的操纵和比较，并且对这个所谓的"操纵"的解释也不清不楚。而无论是笛卡儿还是经验主义者都没有解释思维活动是如何产生概念的。他们将思维活动看作对概念的处理，而概念是呈现在心灵面前的。他们关心的只有概念的来源，概念究竟有没有永恒的固定来源，还是说概念是其他事物的代表和反映，直到康德提出了一个更加成熟也更积极的对思维活动和推理活动的定义，这个问题才有了结论。

第三章 第一个沉思:方法论的怀疑

考虑到笛卡儿对思维本质的理解,邪灵假说其实是一个关于概念的永恒来源的假说,这个假说将所有的概念与邪灵相联系,从而确定所有的概念都具有欺骗性。邪灵假说的成功之处在于,它确立了推理活动的产物的存疑性,正如梦境假说确立了感官感知的存疑性。而邪灵并不歪曲推理本身。

无论笛卡儿如何怀疑不具有完全确定性的一切,他都没有怀疑理性的能力。也就是说,笛卡儿不怀疑自己拥有推理能力。无论是梦境假说还是邪灵假说都没有指责笛卡儿的推理,而是仅仅指责了心灵的概念性内容,也就是说,其方法论怀疑并不如他的初衷那样彻底。

实际上,如果笛卡儿指责自己理性的能力,他可能就没有办法进行第二个沉思和之后的诸多沉思了。他的怀疑论就囿于早期希腊怀疑论的范畴:完全不可知论。邪灵的存在使得任何推理活动都不能产生可靠的结论,但笛卡儿不希望这样,因为笛卡儿对思维的定义决定了邪灵能够影响的只有概念,只有思维活动的对象。

***

笛卡儿的目标是通过怀疑一切来弄清楚任何有问题的信仰,他的方法论的怀疑一旦完成,留下的通过考验的就是真理,而一旦寻得了一个真理,真理的样式就显而易见了。同时,通过这一个真理样本的比对,就可以确立一切知识的真理性,能够匹配真理样本的特点的知识才算成立。

从笛卡儿出发
Starting with Descartes

笛卡儿没有用方法论的怀疑来检验自己的推理，因为他没有思考通过对比真理样本确定真理性的方法是否可操作，他居然没有考虑到这一点。笛卡儿认为，一旦我们见到过真理的样式，下一次再遇见真理时就一定能够分辨出来，因此他相信，通过对比真理样本确定真理性的方式是可操作的。笛卡儿之所以如此自信，是因为他相信真理性是知识的一个特性，识别一个知识是否是真理，只需要看它是否具有真理性。但问题就在于，实际上是否真的存在一个绝对真理？利用笛卡儿的方法论的怀疑是否真的可以确立这个绝对真理？

为什么必须要通过普遍怀疑来分辨基本真理具有的真理性呢？不管人们对谬论多么推崇，难道真理不会自我显明吗？

笛卡儿的整个方法论暗示谬论甚至可以扭曲基本真理，即使是最明显、最清楚的真理也难逃魔掌，因此方法论的怀疑是必不可少的区分真理和谬论的方法。方法论的怀疑的最终结果是：原本人的心灵充斥着各种想法，正如一棵枝繁叶茂的树，而方法论的怀疑能够识别所有的想法，知道该保留什么，该去除什么，正像一个充满智慧的园丁，知道应该将哪一根树枝砍下，将哪一根树枝保留。但这个过程不是一蹴而就的，似乎需要我们对每一个思想都进行怀疑，正如在修剪树枝的过程中需要对每一根树枝仔细审视那样。这一比喻就避开了对真理的明确性和显明性的讨论，也不用管真理性在"理性之光"的照耀下是否能够彰显。

回忆一下笛卡儿的视觉比喻，现在你或许对他为何将真理的分辨和视觉对所视之物的分辨做比较的原因有了更清晰的认识。说句公道

第三章 第一个沉思：方法论的怀疑

话，笛卡儿的视觉比喻真的不像许多人所想的那样简单。许多笛卡儿的反对者通常揪住视觉比喻，将他的哲学形容得非常简单以至于完全无法应对现实的复杂场景。诚然，笛卡儿哲学本身存在一些软肋，毕竟他自己确实说过，"思维就像一幅幅图画，而我们所说的'概念'正是这些图画的代名词"[Descartes 3, 35—36（I, 159）]。反对者之所以攻击笛卡儿的视觉比喻，是因为在这个比喻中，概念与其反映的真实事物之间的联系太过密切，而不再是一种感知性的存在了，换句话说，在这个比喻中，概念完全成了对外界的反映，而不是我们自身精神活动的产物了。

方法论的怀疑对笛卡儿哲学的重要性不亚于梦境假说和邪灵假说，读者们需要理解笛卡儿的方法论的怀疑的理论铺垫才能理解这一点。比如，并非世界上存在的一切事物都是因神圣意志而存在的，而是人们所知道的一切才是因神圣意志而存在的，如5加5等于10。5加5等于10并不是数字本身的内在属性或是一种客观存在或是某种人为定义的体系，而是因为上帝的意志使5加5等于10。

邪灵假说有两个理论前提：第一个前提是上帝容忍邪灵，正如上帝容忍撒旦（或许是）作为一种诱惑的源头而存在；另一个前提是邪灵连5加5等于10这种最基本的知识（只要不是上帝命定的知识）都可以扭曲。我们无法理解5加5不等于10，但是，上帝一开始可能并没有规定5加5变得等于10，而邪灵使这个概念扭曲成了如今的样子。换句话说，逻辑不是自有的，是上帝确立符合逻辑的标准，什么是符合逻辑的，什么是不符合逻辑的，都是上帝的意志。在这一点上，笛卡儿

从笛卡儿出发
Starting with Descartes

很可能是受到了奥古斯丁（Augustine 354—440）的启发。奥古斯丁认为，神圣意志是主宰一切的，而反对者如托马斯·阿奎纳（Thomas Aquinas，1225—1274）则认为，逻辑或者理智是自有的。邪灵似乎是不受不矛盾律限制的（不矛盾律的含义就是"甲"与"非甲"不可能同时为真，"甲"是任意真假可证命题）。既然邪灵不受逻辑限制，那么邪灵欺骗笛卡儿的手段似乎不受任何限制。在本书下一章，我们会讨论真正限制邪灵能力的东西，在了解邪灵所受的限制之前，请诸位读者记住你的任务是时刻保持独立的思考，去伪存真，考察笛卡儿哲学的前后一致性。

***

在第一个沉思中，笛卡儿希望能够除去一切存疑的心灵内容物，并且坚信，他最后会获得至少一个确凿无疑的真理，从而帮助他检测其他一切知识。如果他的方法论的怀疑能够行得通，他不仅会获得一个确凿无疑的真理，还能够用这个真理作为基石创建出完整的、正确的知识体系。

在这个过程中，笛卡儿已经有信心用怀疑的态度审视自己的一切信仰，甚至包括最简单、最基本的观念，但怀疑某些观念却很难操作，尤其是那种令人找不出怀疑的理由的观念，如关于自己的身体的概念。为了解决操作上的困难，笛卡儿提出了梦境假说和邪灵假说，但这两个假说太过刻意，无论是梦境假说还是邪灵假说都不能从本质上解

第三章　第一个沉思：方法论的怀疑

决任何问题，它们都是一种比喻，都不是普遍怀疑论的成立根基。实际上，笛卡儿没能成功地证明我们可以怀疑自己完全没有理由去怀疑的东西，然而，如果普遍怀疑论能够行得通，如果笛卡儿哲学能够达到预定的目标，我们就必须要怀疑这种自己最深信不疑的事。

关于怀疑论，读者还需要搞清楚一点，那就是什么是真正的怀疑。怀疑可以分为三个层次，为了达到其中一个层次的怀疑才是笛卡儿为了完成方法论的怀疑而提出梦境假说和邪灵假说的目的。第一个层次是口头怀疑，那就是当某人在阅读《第一哲学沉思集》时，漫不经心地承认《第一哲学沉思集》中的说法"我们可能在自以为是清醒的时候其实是在做梦"或"邪灵可能扭曲人类思想"在逻辑上是行得通的。但这一层次的怀疑尚未达到笛卡儿的要求，因为只达到这一层次的人不会真的去怀疑自己最深信不疑的信念。第二个层次是我们所说的真正的怀疑，也是方法论的怀疑所要求的那种怀疑，就是认真对待梦境假说和邪灵假说，然后，认真审视自己最深信不疑、最普遍、最普通的观点。第三个层次的怀疑则是怀疑已经渗透到了实际生活的层面，整个人的思维和行为模式都彻底地转变，这种层次的怀疑是接近病态的，也是没有必要的。这种情况是对笛卡儿哲学的过激反应，也不是笛卡儿哲学所要求的事情。通过将怀疑分为三个层面，我们就能够更清楚地明白笛卡儿究竟希望带领读者进行怎样的思想探索。

***

从笛卡儿出发
Starting with Descartes

到现在，我们了解了笛卡儿的方法论的怀疑，也了解了方法论的怀疑是建立在梦境假说和邪灵假说的基础上，但笛卡儿没能充分考虑如何能够怀疑人们最深信不疑的、最显而易见的观念。笛卡儿的目标是获得一个以上能够经得住全面怀疑的真理，而为了获得这样一个真理，笛卡儿需要怀疑一切可怀疑的，这样我们才能够了解真理的特征。

现在，我们看看方法论的怀疑的理论前提：知识可以也必须以真理为依托；知识是分等级的，复杂的真理可以由简单的真理搭建起来，而我们必须将复杂知识拆分成一个个组成该知识的简单知识，如果所有的简单知识都能够经得住怀疑的检验，这个复杂知识才算正确。最后这一点正是笛卡儿分析法的重点，也是近代哲学的主要层面。虽然笛卡儿分析法在理论上很美好，在实际操作中却遇到了重大问题。

有两个问题是密不可分的。第一个问题是，笛卡儿认为，如果我们能够将怀疑法贯彻到最基础的知识，理论上我们可以获得基本真理。基本真理是无法继续分割的真理，而这些真理是终极的，是自证的。这些真理之所以说是终极真理，是因为它们无法继续分割；而这些真理之所以说是自证真理，是因为其自身可以证实自身的真理性。这类似柏拉图关于真理的说法，他认为，真理是完全客观、永不改变的，因为只有当真理是完全客观且永不改变时，它的成立才不需要任何条件，在任何条件下，真理都是自证的。

第二个问题是，笛卡儿认为，人的心灵可以瞬间识别自证真理，

第三章 第一个沉思：方法论的怀疑

然而，这种自动识别是如何完成的就不那么容易理解了。第二个问题的根本点在于，笛卡儿认为，语言表达本身会影响真理性，所以，自证真理是以非语言形式呈现在心灵面前的。要描述这个自证真理只能借用柏拉图的说法：一种处于绝对状态的事物。第二个问题需要从两个层面来解读：第一是我们应该如何理解真理的真理性是真理的内在属性，真理是对究诘的反映；第二就是我们应该如何理解究诘的本质。

由于诸位读者生活在现代哲学的框架下，而现在人们普遍不能接受非语言概念可以用来检测思想和知识。当下有名的哲学家唐纳德·戴维森认为，只有信念才能支持另一个信念成立（Davidson 1986, 310）。戴维森还提出，"知识基于经验，经验最终基于感官，但这个'基于'是一种因果，而非证据或者证明"（Davidson 1986, 313—314）。

戴维森的观点与笛卡儿哲学的关联体现在以下方面：笛卡儿混淆了因果和证明，因为他认为呈现在心灵面前的绝对正确的自证概念可以成为其他概念的基础和衡量标准。而问题还是在于他的视觉比喻。笛卡儿将心灵确定自证概念的正确性的过程比作用视觉看见某件事物，就好像我们可以通过看一辆车来确定这辆车的颜色一样。但证明暴露了看见朋友的车是红色和确定朋友的车是红色之间的区别。仅仅看见一辆车是红色，并不等于确定这辆车就是红色这个事实，因为看见车的颜色并不能确定任何事情。这辆车是红色的，不是因为我们看见它是红色的，而是因为它本来就是红色的。戴维森想要表达的是，要将一辆车的颜色是红色确定为我们的观点或信念，单凭感官体验是不够的。也就是说，我们看见那辆车是红色的，不等于我们相信那辆车就是红色的。

现在，我们面临一个问题：笛卡儿所规定的不受任何外界条件限制的自证的真理究竟是什么？我们又如何才能够找到这样的真理？要充分理解笛卡儿关于真理是显而易见的这一观点，我们还需要理解呈现在良知面前的不仅仅是我们意识到的感知体验，或是认知活动的客体，感官体验在成为认知活动的对象之前，先有信息的接受、解读；人们需要首先有一些知识的积累，才能解读出感知或认知活动的客体，认识周围的环境或发生的事情。笛卡儿以及其后的经验主义者们却将感知活动的发生（只是遇上了一个概念或者眼睛看到了一个画面）等同于进行思维活动。这种对思维活动认知上的偏差使得概念化的能力受到了完全的忽略。不得不承认，直到康德的时代，人们才开始认识到作为认知的前提条件的概念化活动。

小结

对本章以及第一个沉思，我们可以这样总结：在第一个沉思中，笛卡儿希望能够通过怀疑一切可怀疑的来找到确凿无疑的真理。他使用了梦境假说和邪灵假说来为"对感知和理性真理的怀疑"创造出可能性。而通过怀疑获得真理的方式要行得通有一个前提，那就是知识是可以被拆分和组建的，这样我们就可以将每一个可拆分的知识拆分成

第三章 第一个沉思：方法论的怀疑

最小组成单元，并将每一个组成单元与真理相比较，如果每一个单元都可以经受住考验，那么这个知识就是真理，否则的话，就应该去掉不能经受住考验的单元，将剩下的组合起来。

我们用来检测知识单元的是事先通过方法论的怀疑确立的真理，是在"理性之光"的照耀下闪烁着清晰、明显的真理记号的概念，只有经过了所有的分析、比较和证实之后，我们才能判定某个我们所坚信的事物是真理，也只有这个时候，我们才能用这一事物作为量器。此过程是可以积少成多的，这样我们可以检查已有的知识并搭建出更大的知识库。

在第一个沉思的最后，笛卡儿怀疑了自己最深信不疑的观念：关于自己的存在、上帝的存在以及世界的存在。但要完成这一怀疑，笛卡儿必须找到一个自证的真理来帮助他检测知识的零部件，同时，他还需要证明自己对于真理的解释是正确的，否则的话，上述这一切都无法完成。

第二个沉思：思存相依

第四章

从笛卡儿出发
Starting with Descartes

第二个沉思的理解难度比第一个更大,因为第二个沉思的论点本身就令人费解,相比之下,方法论怀疑的理解难度只是因为它的新奇大胆。如果诸位读者按照我在第一章给出的阅读指南来阅读本书和《第一哲学沉思集》,那么你们应该已经在阅读本章前读完了笛卡儿的第二个沉思,我们将会在本章重点讨论第二个沉思中出现的思存相依问题(cogito)。本章先对笛卡儿的论证作一个大致的介绍,然后讨论论证中的一些问题。

***

在第二个沉思中,笛卡儿从对思维和怀疑活动的研究中延伸出了一个自有存在着的心灵的概念。也就是说,笛卡儿使用了第一个沉思中讨论的方法论的怀疑来解释说明持续的思维和怀疑以及产生持续思维和怀疑的主体:心灵。然而,笛卡儿的讨论中存在着一个问题,他没有分别讨论思维和怀疑的存在以及心灵的存在,而是将它们糅杂在一起讨论,因为笛卡儿认为,只要说清楚其中一个,另一个便不言而喻了。

074

第四章 第二个沉思：思存相依

在笛卡儿的理解中，思维性存在，或者说产生怀疑活动的心灵的存在是建立在将思维看作一种属性的基础上的。换句话说，笛卡儿定义的思维不是一种独立存在的实体，而是依附于其他实体的一种属性。此外，笛卡儿还认为，思维是心灵的决定性属性。

这个论证的关键在于：只要存在思维或者只要发生了思维活动或怀疑活动，就说明一定存在思维性实体（在产生思维或者思维活动）。笛卡儿认为，将思维定义为一种属性，就表明了心灵的存在，因为思维就是心灵的属性。或许你会感到奇怪，为什么要强调这一点或者这个逻辑关系有什么问题，但是，休谟认为，思维的存在和心灵的存在之间不存在必然的联系。他还认为，思维拥有并管理印象和概念，思维的出现意味着相关印象或者概念的出现，但不意味着心灵必然存在，这就不同于笛卡儿所认为的思维必须是某件实体的属性，并认为这实体就是心灵。

***

思维活动和怀疑活动的发生意味着心灵的存在这一逻辑关系是笛卡儿论证自我存在的前提：通过怀疑自己是不是存在，可以证明自己的存在。笛卡儿认为，当一个人怀疑自己的存在时，怀疑活动就发生了，怀疑活动是思维活动的一种，一个人的存在可以通过思维活动或者怀疑活动的发生体现出来。但在休谟看来，思维活动或者怀疑活动的发生证明不了思维以外的任何其他事物的存在。

从笛卡儿出发
*S*tarting with Descartes

笛卡儿根据这一个逻辑关系还衍生出了许多理论,比如,当思维活动和怀疑活动存在的时候(或者说当人们意识到了思维活动和怀疑活动的存在),一定有心灵在从事这些活动,因为笛卡儿认为,思维活动和怀疑活动不能独立存在,而是作为心灵的属性依附于心灵而存在。在此基础上,笛卡儿还提出,虽然思维活动产生的前提是心灵的存在,但心灵的存在却不以思维活动的发生为前提,也就是说,心灵维持着思维活动但独立于思维活动而存在。这就产生了一个结论:存在着不进行任何思维活动的心灵,而这一结论是休谟哲学所反对的。

即使休谟同意笛卡儿将思维活动看作心灵的一种属性(尽管他未必赞同思维活动的存在意味着从事这一思维活动的心灵存在),他也不能同意心灵的存在可以独立于一切思维活动。笛卡儿却相信,人类的意识本身就可以证明心灵作为实体可以独立于一切思维活动而存在,心灵是思维活动产生的前提,但其存在又不受制于任何思维活动。由此可以得出一个论断:如果我们怀疑自己的存在,我们就进行了思维活动,而思维活动的发生则反过来证明了我们作为思维性实体的存在。

***

对于初学者而言,最重要的是在领会思维活动证明心灵实体的存在这一论点中。笛卡儿所说的心灵实体不是人体的任何器官,而是纯粹的心灵。理解这一点非常重要,因为,如果笛卡儿所讨论的心灵是人

第四章 第二个沉思：思存相依

体的器官，就不会导致笛卡儿哲学中的心灵—身体二元论。笛卡儿哲学认为，人的心灵是实体，但并不是物质身体的一部分，至于物质身体是否存在还需要另外进行讨论。

笛卡儿哲学之所以认为心灵是一个独立且自有的实体，是因为心灵的存在不受制于它是否进行思维活动；其实体性在于它具有进行思维活动的能力，在于这一能力的实现，而不在于它是否是身体的一部分。笛卡儿在第二个沉思中使用的前提是，心灵不等同于任何特定思维，心灵是一种拥有思维的东西，重中之重是：心灵不是一种属性。心灵是拥有属性的实体，而心灵作为实体，其决定性属性是思维。

要格外强调心灵不是身体的一部分的原因有两个。第一，我担心信奉当代哲学的读者可能会因为不习惯将心灵看作非物质性的自有存在而忽视这一点；第二，笛卡儿在第二个沉思中做出的心灵与身体的区别是笛卡儿二元论（见术语表）的基础。虽然心灵—身体二元论是可以追溯到柏拉图的古老理论，但是，笛卡儿是第一位定义了该二元论的绝对性的哲学家。在接下来的章节（尤其是第十章）中，我们将会了解到笛卡儿的心灵—身体二元论是如何对其哲学产生决定性影响的。

***

接下来，我们看看笛卡儿自己希望第二个沉思能够得出什么结论。该沉思的出发点是笛卡儿相信自己的存在，换句话说，他有自信证

从笛卡儿出发
Starting with Descartes

明自己的存在,这一点是方法论怀疑的前提,因为相信自己的存在是最基本的,也是最不容易怀疑的,因此对自己的存在的自信最有可能成为真理样本的一部分。

笛卡儿的做法是先陈述最明显的事实:在这个例子中,笛卡儿先论述一个人怀疑自己的存在就等于证明了自己的存在。单单在这一步,笛卡儿的做法就超出了许多哲学家(如休谟)能够接受的限度,他们认为对自己的存在的怀疑只能说明思维活动的存在,而休谟等人无法认同笛卡儿从思维活动的存在到进行思维活动的逻辑跳跃。笛卡儿不仅相信一个人必须存在才能怀疑自己是否存在,而且将这一点作为真理样本的一部分。笛卡儿在他著名的思存论证中确立了这一论点,cogito是拉丁文的"我在思考"。笛卡儿认为,"每一次我相信或申明我的所是、我的存在,我的所是和我的存在就是真的"[Descartes 2, 24(I, 150)]。思维活动本身就说明了思维主体的存在。在使用方法论怀疑法来怀疑自己的存在的时候,笛卡儿进行了思维活动,而思维活动又说明了笛卡儿的存在。在这个过程中,即使是邪灵也不能阻碍笛卡儿通过怀疑自己的存在来证明自己的存在。

现有两点附加说明:第一,请注意前文中所引用的笛卡儿的原著已经涉及了笛卡儿对心灵的定义;第二,在设想邪灵的破坏力时不能有所保留,要明白我们的想象力有限,而邪灵的破坏力可能远远超过我们的设想,如果因我们自己的有限想象力而轻视邪灵的破坏力,那也是中了邪灵的圈套。我们想象不出邪灵如何能够让笛卡儿在怀疑自己的存在时使笛卡儿在现实中不存在。关键是笛卡儿产生了思维活

第四章 第二个沉思：思存相依

动,他认为自己存在,但是他实际上不存在,也就是说,笛卡儿在存在的同时不存在,这不仅令人难以想象,而且在逻辑上是矛盾的。尽管如此,通过我们之前对邪灵的了解,我们可以知道邪灵是不受逻辑限制的,既然笛卡儿相信邪灵可以操纵人们对理性真理的认识（如$5+5\neq10$）,那么为何邪灵不能影响人们在"我思故我在"这一论证中运用的因果联系和逻辑手段?

我们先将逻辑限制的话题放在一边,先来看看这么一个假设:每当笛卡儿怀疑或者思考的时候笛卡儿都存在,那么在他不思考也不怀疑的时候他是否存在呢?休谟认为,如果上帝的做法是在笛卡儿每次思考的时候不断地重新创造笛卡儿,而每一个笛卡儿都拥有先前的笛卡儿的记忆,那么就有可能是这样:笛卡儿在进行思考和怀疑时都存在,但是他不是一个恒久稳定的存在（心灵）。这种情况同样符合笛卡儿的论证,却不符合笛卡儿论证的结果:证明自己（作为同一个心灵）的存在。

另一个问题是笛卡儿对记忆的讨论不足。思考或者申明"我思考,我是"需要时间,因此有可能在笛卡儿说"我是"时,他已经忘了之前说的"我思考",那么他的结论"我是"就成了没有依据的空话。笛卡儿对语言的作用的忽视也导致了一些问题,比如,他没有思考"我思考,我是"中的前一个"我"和后一个"我"之间的同一性。

看到这里,或许读者会认为我在吹毛求疵,但请你继续往下读,你就会了解到这些问题并不是小问题,它们直接影响了方法论怀疑的严谨性,毕竟绝对的、完美的、毋庸置疑的真理才是笛卡儿的追求。

从笛卡儿出发
Starting with Descartes

***

笛卡儿认为，通过怀疑自己的存在确立的自己的存在是样本真理的一部分。笛卡儿认为，要进行思考就必须先存在，他的原话是："我是，我存在，我所承认的不过是基本事实。"[Descartes 2, 26（I, 152）]然而，笛卡儿确实言过其实了，虽然在思考的时候笛卡儿确实存在，但是笛卡儿的存在形式无从考证。笛卡儿认为，自己的存在形式是进行思考的、独立于具体的思维活动而存在的心灵："我是真实存在的，但我是什么？"[Descartes 2, 26（I, 152）]。

笛卡儿从确立自己的存在到确立自己的存在形式之间的跳跃没有强有力的支撑，唯一的论据是他对思维活动的看法："思维是心灵的属性，思维活动进行时必须有相关的心灵存在。"同时，笛卡儿所说的心灵并不是身体的器官，他希望证明的是非物质的心灵实体，而且他也是作为非物质的心灵在进行思考。在第六个沉思中，笛卡儿才最终确立了物质的存在。

笛卡儿从得出自己存在的结论到确立自己的存在形式之间的跳跃存在着两个问题。首先，这一跳跃的合理性有待推敲；其次，这一跳跃同时也暗示了认识论层面的问题：它不仅表明了纯精神实体的存在，而且表明了思维活动的主体就是纯精神实体。通过假设性地先阐明心灵的存在然后确立身体或者有形物质的存在这样的方式，笛卡儿明确地区分开了身体和心灵。

第四章 第二个沉思：思存相依

笛卡儿可以说当他怀疑自己的存在时有思维活动在进行，也可以由此说在思考的同时他是存在的，但他无法证明正在发生的这个思维活动是某些能够思考的精神性事物的属性。从笛卡儿正在进行思维活动到笛卡儿是会思考的事物之间的因果关系的支撑证据不足，因为笛卡儿虽然证明了当他怀疑自己的存在时有思维活动在进行，却无法借此确立自己的存在形式。虽然要想象独立存在的思维或者想法很难（休谟有自信可以做到），但是这不妨碍我们构想出一个独立存在的思维或想法。笛卡儿之所以得出自己的存在形式是"会思考的东西"，是因为他从一开始就将思维定义为不能独立存在而必须依附于其他事物的"属性"，正如"重量"不能独立存在，而必须是某件物体的"属性"一样。

但笛卡儿从思维活动到进行思维活动的物体的推论不是单纯的"错误"，毕竟人们很自然地就会将思维看作无法独立存在的事物，如果有思维活动在进行，就说明一定有一个主体在进行思维活动。但是，如果我们从认识论的角度来看，人类思维的习惯或者所认为的"自然而然"必须有更严谨的规矩来约束。严格意义上来说，从思维活动到会思考的事物这一跳跃是无效的。笛卡儿的思维活动也可能是一种独立自有的存在，而不是其他任何事物的属性。如果我们用方法论怀疑来推敲笛卡儿自己的结论，就会发现，笛卡儿通过怀疑自己的存在能够证明的只有思维活动的存在。如果笛卡儿将自己的思维描述为自己的存在尚且还能让人接受，那么他认为思维是"某种真实的存在"，并试问"我为何物"，进而推论出"我是一个能够思考的东西"就有些偏离正轨了。

***

通过思维活动和怀疑活动确立的人是"会思考的东西"这一跳跃虽然在论证上不能成立，但笛卡儿在思存论证中特别强调不能将这一跳跃看作逻辑推理，而应在思维活动和怀疑活动产生之后，直接由直觉知道自身的存在。也就是说，笛卡儿并未将思维活动和怀疑活动看作论证前提，将自身的存在看作论证结果，而是直接指明两者之间的必然关联。

笛卡儿的说法并不复杂，却很难令人信服，甚至有自相矛盾的嫌疑，毕竟cogito一词的拉丁文原意中包含了顺承的逻辑联系，翻译出来就是"我正在思考，因此我存在"或"我思考，因此我是"，当cogito一词出现在哲学著作中时，几乎都表达了这样的语义。

出于这个原因，大部分解释笛卡儿哲学的书籍在讨论cogito时，都给该词加上了"因此"的词义，但其实这是对笛卡儿的沉思中使用的cogito的误解。在《第一哲学沉思集》问世之前四年，笛卡儿曾著有《论方法》。在《论方法》一书中，笛卡儿使用cogito一词时确实给该词加上了"因此"的词义，但在《第一哲学沉思集》中出现的cogito必须理解为"我思考，我存在"，而非"我思考，因此我存在"。

笛卡儿之所以在《第一哲学沉思集》中使用cogito时不给该词加上"因此"的词义，是因为在笛卡儿看来cogito并非一个论证。如果

第四章 第二个沉思：思存相依

cogito是一个论证，那么"我思考"就是"我存在"的前提，但笛卡儿的意图是将"我思考，我存在"直接确立为一个由直觉感知的事实。因为，如果cogito是一个论证，笛卡儿需要首先证明前提的成立，然后再证明结论与前提之间的必然联系。此外，如果cogito是一个论证，那么除了"我思考"这个前提之外还必须有其他前提（如"所有思考的事物都存在"），因为单由一个前提是无法导出结论的。

笛卡儿将思存相依定性为直觉感知的做法又将我们带回了概念的正误问题。笛卡儿希望，思存相依原则通过直觉的确立成为真理样本的一部分，而不是通过一步接一步的理性推理，因为，如果笛卡儿的存在是一个论证的结论，那么它永远存在着被推翻的可能性。笛卡儿希望，自己的存在是被思维或怀疑直接"表明"的事实，之所以要将如此显而易见的事实写出来，只是为了告知读者这一事实，而不是为了证明什么，由此我们也可以看出，笛卡儿对语言的作用重视不足。

我们在知道了笛卡儿将思维表明存在的过程看作一种直觉之后，就能够明白"我思我在"是如何成为笛卡儿哲学的真理样本的，也能够了解到笛卡儿哲学中不容存疑的真理的特征：唯一，显而易见，完全简单（不是由许多部分组成，也不会受到观察角度的变化的影响）。因此可以说，这个真理完全不会受到梦境假说和邪灵假说中的任何因素的扭曲：做梦与思维一样能够显明存在，而邪灵不可能歪曲不存在的事物。

从笛卡儿出发
Starting with Descartes

***

前文已经提到,物质的存在至此还没有得到充分的讨论,在此,我想要再次提醒读者,注意笛卡儿确立的以"会思考的东西"为存在形式的自己并不是一个物质层面的人。"会思考的东西"指的是一个实体心灵,而不是任何物质。关于物质的存在还有两个问题悬而未决:物质是否存在(这个问题在第六个沉思中加以讨论),物质的存在形式或者说物质的本质是什么。因为,如果笛卡儿要确立自己以心灵实体的形式存在,他就必须解决物质的本质的问题,或者至少要针对这个问题给出一个解释。

笛卡儿将自己看作一个思考的主体而存在,并将这种存在作为真理的一部分,将心灵看作以思维为属性与实际表达的实体存在,并在此基础上展开《第一哲学沉思集》一书接下来的篇幅中的讨论:对物质的存在的讨论,对自己的身体的讨论。笛卡儿对物质的讨论的目的是甄别、辨明物质的属性,正如他先前讨论心灵的目的是为了甄别心灵的属性。

要理解第二个沉思,我们必须意识到笛卡儿所说的物质和我们通常意义上的物质不一样。我们通常将物质定义为宇宙中的某些物质成分,而笛卡儿所说的物质则是一种"分布规律"。笛卡儿认为,人的心灵所认识和辨别的物质其实是分布规律,分布规律是促使心灵产生概念的源头,正如思维是心灵的决定性属性,分布规律也是物质的决定

第四章 第二个沉思：思存相依

性属性。但是，第二个沉思的重点并不是物质是否存在，而是对分布规律作为物体的概念源头的讨论，用现在的话说，笛卡儿在第二个沉思中考虑的只是观念中的物质而非现实中的物质。

***

总结一下前文内容，笛卡儿通过思维活动和怀疑活动证明自己的存在这一逻辑无可指摘，但他接下来明确自己的存在形式"我是思考的东西"这一步出现了问题。不过，在这里请诸位读者注意，笛卡儿之所以确立自己是思考的东西，原因是他将思维活动看作心灵实体（也就是"思考的东西"）的决定性属性。另外，物质的决定性属性和心灵不同，物质的决定性属性不能通过人的直觉加以认知，而是需要通过一些表象来认识，因此笛卡儿提出了蜡的例子。

笛卡儿从对比蜡在不同环境下的状态中得出（可能存在的）物质的决定性属性是分布规律。蜡在寒冷的环境中是较为坚硬的固体，环境温度升高后，会逐渐软化甚至熔化。当环境温度条件变化时，蜡的形状、气味、碰撞时的声谱特征、黏性等属性都有明显的变化，但分布规律的性质是不变的，无论这块蜡是软还是硬，是固体还是液体，都具有三维的分布规律。笛卡儿认为，我们对许多物体的概念其实是对其属性的概念，而物体的决定性属性是分布规律。

但话说回来，将分布规律确定为物体的决定性属性不等于证明了物质的存在。甚至有可能笛卡儿将分布规律确定为物体的决定性属性

从笛卡儿出发
Starting with Descartes

这一思维活动也是发生于梦境中或者是受到了邪灵的欺哄的结果,第二个沉思中没有任何能够证明物质存在的证据,只是讨论了一个关于"由分布规律作为决定性属性的物质"的概念。

在第二个沉思的结尾,笛卡儿得出结论:只要蜡的分布规律得到了延续,无论这块蜡的形态等属性如何变化,这块蜡都存在。接下来,我们以更深入、更详细的方式来复习一下笛卡儿的蜡块实验,从而理解笛卡儿是如何将分布规律确立为物质实体的决定性属性的。

***

笛卡儿先是观察一块蜂蜡的性状,发现蜂蜡具有不规则形状和白色的颜色;接着,闻到蜂蜡的淡淡花香;用舌头品尝到一丝蜂蜜味;将蜂蜡磕碰在桌面听见沉闷的声响;用手指触摸,可以感觉到蜂蜡的硬度和略油腻的触感;然后,笛卡儿加热蜂蜡,发现先前的所有性质都发生了变化,蜂蜡从成型的固体变成了桌上的一摊流体;蜂蜡的气味和味道变重;无法再将蜂蜡磕碰在桌面上;蜂蜡变得柔软、温暖,略油腻的触觉变成了稍带黏性的触觉。

笛卡儿指出,无论蜂蜡的这些特性如何改变,蜂蜡依然是具有分布规律的——但是,我们不能说蜂蜡分布在空间中,稍后我将会解释不能这么说的原因。笛卡儿通过这一实验得出的结论是:蜂蜡的决定性属性不是它的味道、气味、颜色、形状、碰撞时发出的声音等,而是蜂蜡的"体",只不过蜂蜡在加热前后具有许多不同的特征。笛卡儿

第四章 第二个沉思：思存相依

总结说，在我们排除一切可变属性之后，留下的唯一属性就是物质的分布规律 [Descartes 2, 29—30（I, 154）]。

请注意，笛卡儿讨论物体的分布规律时不将其表达为物体在"空间"中的分布，由此，他剔除了对物体分布的媒介的讨论。笛卡儿这样做是为了避免其他概念的混淆，如牛顿的"绝对空间"或是爱因斯坦的"相对空间"。在笛卡儿看来，物质宇宙就是充满了物质的，什么都没有的空间是不存在的，因为与心灵相对的物质的决定性属性是分布规律，正如心灵的决定性属性是思维一样。如果笛卡儿能够承认空无一物的空间的存在，这个空间就不是心灵也不是物质，而是存在于心灵和物质之外的第三种实体。但是，这样的"空间实体"缺少决定性属性，因为这种"空间实体"一无所有，因此空间不能成为可被人认知的实体。笛卡儿认为，除了心灵和（可能存在的）物质之外还存在一个实体，那就是上帝，笛卡儿对上帝的证明主要集中于第三、第五个沉思。

笛卡儿哲学对空间的完全否定在许多人看来可能不易理解。笛卡儿认为，那些表面上看来空无一物的空间其实是充满物质的，比如，空气表面上看是空间，但其实是物质，比空气更虚无缥缈的各种粒子在人的感知和认识中是空间，但依然是物质，这些物质也具有分布规律，物质分布在一无所有的空间中的认识是错误的（Kemp-Smith 1958, 65—73）。笛卡儿确实也提到空间。他使用空间所指的却是一种位置，而不是牛顿物理学中的空间。笛卡儿讨论的空间与物体之间的关系更类似于坐标轴与点、线的关系，正如通过画直线形成的三角形。在任何语境下,笛卡儿哲学定义的世界只有心灵和物质且被心灵和物质充满(暂且不论上帝这一实体)。笛卡儿通过心灵的决定性属性——思维证明心灵的存在,那么现在既然笛卡儿已经确定了物质的决定性属性是分布规律,他就可以证明物质的存在,但笛卡儿在证明物质的存在前先着手证明上帝的存在,我们将会在下一章和第五章中讨论这一点。

笛卡儿的世界理论有一个问题,就是如何解释物质可以在"被充满"的世界中移动。笛卡儿的解释是,在物质移动的过程中后一个物体取代前一个物体,物体在不断的取代与被取代中移动。本书将不涉及该问题,如果读者朋友对此感兴趣,可以参考诺曼·坎普-史密斯的《笛卡儿:哲学写作》(*Descartes:Philosophical Writings*, Kemp-Smith 1958)一书。

***

在第二个沉思的结尾,笛卡儿自认为已经完成了三个最重要的目标。首先,他证明了自己作为"思考的东西"这样一种思维性实体存在;其次,笛卡儿将通过直觉证明的自己的存在定义为真理样本的一部分;最后,笛卡儿确定了(可能存在的)物质(包括人体以及体外物质)的决定性属性,而物质的这一属性则是人对物质产生认知和概念的原因。笛卡儿认为,自己通过方法论怀疑以及缜密的分析证实了自己的存在,并同时得出了自己以"思考的东西"的形式存在的结

第四章 第二个沉思：思存相依

论，在全部人类知识体系中，前一个结论比后一个结论处于更为基础的地位。

笛卡儿在明确了自己的存在之后随即在第二个沉思中确立"思考的东西"这一存在形式，其原因有二：第一，笛卡儿的假设——思维是心灵实体的决定性属性——支持它成立；第二，它的成立可以带来一个将心灵与物质完全区分成两类实体的认识论——心灵—身体二元论，而这一哲学立场一直流传至今。

小结

在第一个沉思中，笛卡儿提出，真理可以通过方法论怀疑得到；在第二个沉思中，笛卡儿提出，他的思维活动证明了他的存在，他的存在形式是"思考的东西"。笛卡儿将分布规律确定为物质（暂且假设物质存在）的决定性属性。总结后就是，心灵是思维活动的进行者，心灵的存在可由思维活动来证明，而物质的决定性属性是分布规律，因此，心灵与物质是不同的两种实体。

第一个沉思的主要问题是使用方法论怀疑确定真理是否可行，而第二个沉思的问题则是认识论或者说存在论方面的问题，也就是说，问题在于，笛卡儿对实体的决定性属性的定义是否准确。第二个沉思中还存在着逻辑上的问题，也就是从"思维是心灵的决定性属性"这个因到"我是一个思考的东西"这个果的逻辑中的问题。这个逻辑只有两个前提作为支撑：一个是亚里士多德的前提"实体拥有决定性属性"，一个是笛卡儿的前提"思维是心灵实体的决定性属性"。同样的逻辑问题也存在于笛卡儿对物质以及物质的决定性属性的说法中。

第二个沉思中也存在着其他问题，其中一个是笛卡儿运用方法论怀疑时不够严谨和全面，他对实体拥有决定性属性这一点就没有进行过方法论怀疑。笛卡儿没有真正贯彻方法论怀疑的彻底性是第二个沉思中最大的问题，因为方法论怀疑根据其定义原本应该是极端和彻底的。第二个沉思还有一些问题，如可靠性未经证实的观点直接被当作正确的，但是公正地说，笛卡儿着实克服了许多困难并取得了一定成果，比如，一个他认可的真理样本——"我的存在"，又如，他将分布规律确立为物质的决定性属性。

结束了第二个沉思后，笛卡儿哲学所涉及的内容还是很少的：笛卡儿自己（据说是思考的东西），（有可能存在的）物质。接下来，笛卡儿还必须检验自己的其他信念正确与否，这个过程不是简单地陈述，而是要批判地论证所有信念的可靠度，在去伪存真之后将可靠的信念用于扩充自己的知识库，增加对世界的认识。笛卡儿虽然已经证明了自己的存在，但仅凭自己的存在能够生发的知识有限，就连凭借存在推导存在形式的这一步都走得跟跟跄跄。至于笛卡儿提出的关于物体和物体的决定性属性的理论是否正确，还需要等到最后笛卡儿证明了物质的存在之后才有论断。笛卡儿的下一步计划就是讨论自己的其他信念是否为真，因此在第三个沉思中，笛卡儿开始讨论上帝的存在。

第三个沉思：论上帝是否存在的因果论证

第五章

从笛卡儿出发
Starting with Descartes

笛卡儿将前两个沉思的结论作为前提运用于目的在于证明上帝的存在的第三个沉思,因此,充分体会和理解笛卡儿的前两个沉思的结论对诸位读者阅读第三个沉思具有重要意义。在第三个沉思的开篇,笛卡儿描述自己闭上眼睛、屏蔽听觉,逐渐舍弃所有来自感官的信息,原因是一切来自感官的感知都可能是具有欺骗性的。此时,笛卡儿是一个完全与外界隔绝的具有思维的心灵,笛卡儿认为这样做,能够"对自己更了解,更熟悉"。

笛卡儿将他是"思考的东西"作为第三个沉思的前提,而他得出自己是"思考的东西"这一结论凭借的仅仅是自己在进行思维活动这一现象。笛卡儿假设自己所意识到的一切都是自己的一部分,是自己心灵的产物,因此,所有的思维都是感觉或者想象[Descartes 3, 33(I, 157)]。

请诸位注意以下几点。在第二个沉思结束之前,笛卡儿的讨论范围都没有超越自身的意识,他讨论的全是自己的思维活动和形成概念的过程。笛卡儿认为,概念的运作是存在且仅存在于自己心灵中的思维活动的进行方式。而后,笛卡儿将分布规律确定为物质的决定性属性,但没能成功地证明物质的存在。

第五章　第三个沉思：论上帝是否存在的因果论证

第二个沉思结束后，笛卡儿证明了自己的存在以及思维的存在，现在他还想要证明上帝的存在。通过笛卡儿对心灵的态度，我们可以看出，笛卡儿默认上帝的存在。如果读者忽略了这一点，很可能会以为笛卡儿的观点是人的所有概念都是自己心灵的产物，然而，笛卡儿其实相信关于上帝的概念不是来自人类自己的心灵。笛卡儿的第三个沉思是这样展开的：首先，第三个沉思再次强调笛卡儿作为"思考的东西"存在；其次，第三个沉思先承认笛卡儿心灵中的所有概念都是自己心灵的产物；最后，第三个沉思引出对上帝的概念的讨论。

在第三个沉思的开篇，笛卡儿已经检验了自己拥有的两个最基本的概念：关于自己的概念以及关于自己以外的世界的概念。关于自己的概念，笛卡儿已经证明了自己的存在；而关于自己以外的世界的概念，笛卡儿已经将分布规律确定为物质的决定性属性，为证明物质的存在做了铺垫。但是，正如上一章末尾我们提过的，笛卡儿还需要证明上帝的概念以超越所有既定信念或概念。

笛卡儿在第三个沉思中通过证明上帝的存在，从而避免了对具体信念的逐条证明，他在此处耍了一个小伎俩，他"发现"，在自己的所有概念中，有一个概念是特别的，那就是关于上帝的概念。凭借这个"发现"，笛卡儿将讨论的重点转移到了关于上帝的概念上来。

***

现在，让我们回顾一下，笛卡儿借助梦境假说怀疑感官知觉，提出

从笛卡儿出发
Starting with Descartes

邪灵假说怀疑理性知识,从而引进了方法论怀疑,这意味着笛卡儿建立了一套检验知识的标准:知识必须要经受住这两个假说的检验才能确立为真理。因此,笛卡儿为了证明上帝的存在也必须用自己的方法论怀疑来检验,换句话说,笛卡儿证明上帝的论证也必须要像他证明自己的存在的论证一样不容辩驳,而不经论述直接断言上帝的存在的做法是行不通的。如果笛卡儿不能证明上帝的存在,他就无法论述物质是否存在。因为物质和心灵不同,人类对物质的概念的认知是间接的,所以,仅仅通过确定物质的决定性属性不能证明物质的存在。

为了证明上帝的存在,笛卡儿提出了因果论证,该论证的宗旨是每一个"果"必然有充分的"因",他的论证策略是说明关于上帝的概念不可能是人类心灵自身的产物。为了证明这一点,笛卡儿借用了早期希腊哲学的一个思想:无中不生有。也就是说,任何事物的存在都不可能没有足够的"因"。笛卡儿借用"无中不生有"来证明上帝的存在和他借用亚里士多德对实体的定义来证明自身的存在如出一辙。"无中不生有"是中世纪学院派思想的核心,用拉丁文表示是"ex nihilo nihil fit"。

"无中不生有"(ex nihilo)这一原则还有另一层含义,那就是一切"因"的真实性都不会弱于相应的"果",因为"果"承接了"因"的真实性。无论读者是否接受这一说法,在当下的时代背景中研究这个话题都是很有趣的探索,但受限于本书篇幅,我们就不对其展开讨论了。我们只需要记住,在这里,笛卡儿没能将方法论怀疑运用于早期希腊学院派思想原则,而将其直接运用于自己对上帝的论证

第五章 第三个沉思：论上帝是否存在的因果论证

中，这是笛卡儿的《第一哲学沉思集》中的一处败笔。

笛卡儿的因果论证的结论是，人类关于上帝的概念只能是由上帝引起的，因为能够导致上帝的概念这个"果"的"因"只能是上帝自己。笛卡儿在第三个沉思初始先检查了所有存在于自己心灵中的概念以及这些概念的可能成因，他总结道，有些概念似乎是与生俱来的，而其他的则是后天形成的，是我自己制造的[Descartes 3, 36（I, 160）]。笛卡儿在《第一哲学沉思集》出版的1641年写给梅森的一封信中将概念分为三类：第一类是获得的外来概念，例如关于太阳的概念；第二类是由心灵构建起来的概念，如宇航员通过理性和学习对太阳的了解；第三类是内置于心灵的自有概念，例如关于上帝、心灵、身体、三角形，以及永恒的概念（Kenny 1970, 104）。

笛卡儿承认自身概念最有可能的成因是自己，是自己将这些概念创造出来，在有意或无意中将一系列较简单的概念整合在一起形成一个较复杂的概念，例如，独角兽的概念就是人将角这个概念和马这个概念整合的产物。笛卡儿对概念及其成因的认识中最重要的一点是：作为结果的概念不能超越其成因，结果次于成因。他重申"无中不生有"的原则，指出自然之光可以帮助他认识自己所拥有的概念，就像观察眼前的一幅幅图画一样，虽然概念"对其源头的反映总不能达到百分百的完美"，但概念"绝不可能超越其来源"[Descartes 3,40（I, 163）]。也就是说，无论概念的因是内因还是外因，作为果的概念都不可能超越相关的因。

此处的主要思想是，如果甲产生乙，乙不可能具有比甲更大的能力或者拥有比甲还多的内涵。我们想象一下这样一个例子：从山顶往下扔一个雪球，这个雪球能够飞行的距离取决于该雪球受到的推力，该雪球如果撞击到另一个物体，它对另一物体的作用力也不可能超过所受推力和自身重力的总和。再想象另一个例子：如果我们将同样一个雪球从山顶沿着积雪的山坡滚下，等雪球滚到山脚时，雪球的质量增加了，此时，如果雪球撞击到什么物体，作用力也会比原来更大，这时的雪球或许可以撞碎一间小木屋。但我们不会将一开始的那个小雪球当作小木屋被撞碎这个果的因，我们都知道，小木屋被撞碎这个果的因是在原本的小雪球的质量的基础上再加上雪球沿途粘上的雪。用这两个例子，我们可以理解笛卡儿所说的一切果不能超过因的意思。我们很容易理解笛卡儿的因果论证的大意，问题就在于，如何完全理解笛卡儿对上帝的因果论证中所讨论的"果"是什么。

笛卡儿对上帝的因果论证的论证方向是从一个假定已知的果——关于上帝的概念——到一个遥不可及的因——上帝。在此，我需要指出，笛卡儿对上帝的概念也没有进行过严谨的方法论怀疑，其实，还有一个可能性是笛卡儿没有讨论的，那就是上帝的概念本身就是一个经过整合的概念，并且拥有数个独立的因。笛卡儿之所以不考虑这个可能性的一个合理解释是，他认为概念并不能忠实地代表对应的来源，即使是外因也一样。

另一个关于上帝的概念不适用于方法论怀疑的原因是，邪灵假说同样不适用于上帝的概念。在第三个沉思中，笛卡儿提出，我们没有理由相信邪灵会将上帝的概念放在我们的心灵中，也就是说，当我们拥

第五章 第三个沉思：论上帝是否存在的因果论证

有一个关于完美的、良善的、不存在欺骗的上帝的概念时，邪灵就无法做工。上帝是这样完美的存在，既然果不能超越因，那么关于完美上帝的概念必然是来自一个完美的存在，而不是来自笛卡儿自己的（能力受限的、不完美的）想象力。

***

通过描述自己关于上帝的概念，笛卡儿给我们提供了一系列对上帝的描述：一个无限的实体、独立、全知、全能、我自己，以及一切现存事物的存在凭据[Descartes 3, 43（I, 165）]。该因果论证中最重要的观点是：上帝的特性"如此完美，以至于我越是思考上帝，越是无法相信自己可以通过想象捏造出上帝的存在"，最终的结论就是，笛卡儿自己不可能是关于上帝的概念的因，上帝本人才是该概念的因[Descartes 3,43（I, 165）]。笛卡儿能如此轻易地得出如上结论，其实是绕开了上帝或许是一个复合概念的可能性，如果"完美上帝"这个概念是一个复合概念，那么复合前的成分可能是后天获得的概念。

笛卡儿的论证对象的限定也有问题，他究竟是在讨论关于上帝的概念还是关于完美上帝的概念？要接受笛卡儿的因果论证，我们必须先拥有一个关于完美上帝的概念。这不是说我们对上帝的概念必须要完全正确地反映上帝，而是说至少要有一个笼统的对完美上帝的认识，即使我们不知道上帝的完美意味着什么。用数学的比喻来解释就是：我们可以有一个"无限数集"的概念，这个无限数集包括所有自然数,无论我们如何穷举这个数集也无法说出该数集中的所有数字;我们拥有关于无限数集的概念不等于完全认识这个数集的所有细节。因此,关于一个无限数集的概念是一个动态的认知行为:它不是一个固定不变的单一概念,我们可以无限地再增加一个自然数。

笛卡儿明白人类的概念是受限的,在1642年写给瑞吉仕的一封信中,他指出,自己关于上帝的因果论证"不是建立在对人类概念的讨论之上的(因为人类的概念不过是人类心灵的内容物,永远不可能超越人类自身的能力),而是建立在其客观存在的来源之上,也就是客观存在的那个完美实体"(Kenny 1970, 133)。然而,笛卡儿的这个说法自相矛盾。"客观"在这里的意思是关于上帝的概念作为意识的内容的真实性(见第一章)。如果笛卡儿所指的是实际上的真实性,那么笛卡儿所指就是其论证的目标:该概念的源头,那个完美的上帝。我们应该区分关于上帝的概念的忠实性和关于上帝的概念的真实性。关于上帝的概念的忠实性就是我们能如何描述上帝,但仅仅列举一连串上帝的特质是不能充分地体现上帝是如何完美的,因为人类的概念无法完全认识上帝,所以,笛卡儿讨论的不是关于上帝的概念的忠实性,这里讨论的是关于上帝的概念的真实性,也就是研究关于上帝的概念是如何以一种不容置疑的方式呈现在心灵中的。通过这样强势地定义相关概念,笛卡儿绕开了上帝是否存在的讨论,在笛卡儿的论证过程中,上帝的存在被视为板上钉钉的事实。

第五章 第三个沉思：论上帝是否存在的因果论证

***

人类心灵中的一切概念都来源于一个被人类认知到的客观现实，"概念就是概念的对象本身被人类理解的形式"（Descartes Reply to Objections, Haldane and Ross 1969, Vol. II, 9）。这里所谓的客观现实根据笛卡儿的定义就是概念产生的源头，是概念这个"果"的"因"（包括内因或外因），拥有足以产生相应概念的能力。如果概念是由外因产生的，该源头的真实性必然等于或者超过概念的真实性；如果概念是由内因产生的，那么该概念的真实性则取决于产生这一概念的心灵。笛卡儿搜寻自己的心灵，结果发现，自己所拥有的任何概念都不足以产生关于上帝的概念，而唯一有能力产生关于上帝的概念的源头就是现实中的上帝。根据笛卡儿的因果论证的走向，只有完美无瑕的上帝本人才可以是关于上帝的概念的源头。

我们将会在讨论笛卡儿的第五个沉思的章节中讨论笛卡儿对上帝的存在的因果论证，而现在更重要的是透过笛卡儿的这一因果论证分析笛卡儿对心灵的认识。

我们可以通过分析笛卡儿为何将因果关联理论作为论证上帝存在的手段，来发现笛卡儿如何看待心灵和心灵的内容物。首先，笛卡儿将心灵的内容物——概念——看作一个个结果，每一个结果都有各自的成因，因果之间存在关联。这样看来，关于上帝的概念和它所对应的完美的成因这一对因果就是无数因果中普通的一对。这个观点极大地影响了其后数百年间的认识论发展，也促使学者们去钻研人类的概念反映其成因的过程的运作机理。

如果我们将概念看作果,那么判断一个概念或者信仰是否为真的依据就是:概念的源头,其对应的因的真实性以及该概念是否如实地反映了这个源头。我们已经了解到,笛卡儿证明上帝的存在的方法是通过论述上帝这个概念的成因具备的特质,其实,笛卡儿对上帝的存在的证明只是阐明概念与外因之间的关系的一个普通的例子。而笛卡儿对概念与其源头之间关系的重新定义彻底改变了认识论的走向,也由此对近代哲学产生了深远的影响。我们讨论笛卡儿在第三个沉思中使用的因果论证,应该将重点放在笛卡儿如何证明上帝的存在以及笛卡儿如何看待概念与世界之间的关系上,而不是放在上帝是否存在这种无法通过哲学获得定论的问题上。

***

现在,我们应该明白,笛卡儿将概念视为心灵的内容之物,我们拥有的每一个概念都是某种事物的反映,是某种事物的"果",而人类作为认知与能力有限的被造之物,需要甄别自己所拥有的概念中有哪些如实地反映了现实。问题在于,人类的心灵就是承载概念的容器,只能通过认识概念来间接地认识概念所反映的客观世界。

借用休谟的话来说,人的知识永远无法超越概念,因为概念最终不能组成关于其源头的知识。我们不能跨到自己的心灵之外去比较概念和其源头有多接近。休谟根据鲜活度区分概念和印象,而人们只

第五章 第三个沉思：论上帝是否存在的因果论证

能猜测概念的来源或是印象的来源（Audi 1996, 342—347; Honderich 1995, 377—381; Matson 2000, 411—437）。笛卡儿试图证明至少有一个概念（也就是关于上帝的概念）可以倒推出其源头——上帝——的存在，但笛卡儿的这一信念要成立的前提是《第一哲学沉思集》中他所提出的相关理论必须成立。

有学者指出，笛卡儿在《第一哲学沉思集》中完成的论证是循环论证，如"无中不生有"或者"因必大于果"的原则，因为笛卡儿对关于上帝的概念的因果论证完全依仗"无中不生有"这个原则。然而，笛卡儿并没有在《第一哲学沉思集》中确立"无中不生有"这一原则的正当性，而是直接将其取而用之，但问题是，笛卡儿直接使用"无中不生有"并非因他赞同古希腊哲学家们的思想，"无中不生有"在笛卡儿看来其实是一种理性真理，这从他的措辞"借助理性之光"中可见一斑（Cottingham 1995, 28）。

那么问题来了：既然邪灵假说可以影响理性真理，笛卡儿所使用的因果原则就可能是因为受到了邪灵的迷惑。到目前为止，在笛卡儿的结论中，唯一能够在邪灵假说面前站得住脚的就是"我思故我在"，但"我思故我在"这个结论的确立只能说明邪灵不能在笛卡儿的存在这件事情上欺骗笛卡儿，这个结论本身并没有提供任何可以甄别或者抵挡邪灵的欺骗的方法。所以，在笛卡儿论证上帝的存在的时候，邪灵仍然有可能在诸多环节上攻击笛卡儿，但笛卡儿仍然将上帝的存在视为与自己的存在一样的确定无疑的结论。

前文中，我们已经了解到，击败邪灵假说的重要基础是确立完美上帝的存在，因为完美的上帝是全备美善、不容忍虚假欺哄之事的神，上帝可以保护笛卡儿不受邪灵的欺骗，尤其是在相信上帝的存在这类原则性问题上保护笛卡儿。而证明上帝存在的因果论证能够成立的前提是"无中不生有"这一原则的成立。

***

看完第三个沉思，相信不少读者会感到笛卡儿在第一个沉思中提出的命题没有在第二个沉思或第三个沉思中得到充分解决，此外，笛卡儿也没能严格地执行自己的方法论怀疑。接下来，在第五个沉思和第六个沉思中，我们也会发现，在论证上帝的存在以及物质的存在这两个命题上，笛卡儿的论证也不如在论证自己的存在时那么有力。因为笛卡儿从思维活动推论出"自己是思考的东西"这一步存在太过草率的嫌疑，所以，到目前为止，笛卡儿所确立的唯一真理就是他对自己的存在的直觉。

在第三个沉思中，笛卡儿的论证暴露出了更多短板，他的论证实际上没能突破梦境假说和邪灵假说设置的障碍，尽管他本人对自己的论证具有十足的自信。笛卡儿表示，自己越是审视自己在各个沉思中得出的结论以及得出结论的过程就越是感到自信（Cottingham 1995, 29）。

笛卡儿的推理和结论确实有一定的道理，毕竟他的思存相依论证是成功的，而从思存相依论证，我们可以看出，笛卡儿对于自身存

第五章 第三个沉思：论上帝是否存在的因果论证

在的直觉足以帮助他确立自己的存在，然而，却不足以击败梦境假说或者邪灵假说。笛卡儿在第三个沉思中对概念做出区分的标准是概念的清晰度、影响力、具体程度以及呈现方式，这些标准是第一个沉思和第二个沉思中所没有的，也是有望用于击败梦境假说的有力武器（Cottingham 1995, 25—26）。但是退一步说，这些也只是笛卡儿的个人感觉，并非经过严密哲学论证的真理。正如梦境假说或者邪灵假说，笛卡儿提出这两个假说似乎只是为了引入方法论怀疑，进而能够在思存相依论证中使用方法论怀疑，而一旦完成了思存相依论证，笛卡儿似乎就把借由这两个假说确立的方法论怀疑弃之脑后了。至此，许多读者可能会开始论断，《第一哲学沉思集》无论是从宏观的哲学还是从微观的认识论来看都没能达成笛卡儿的初衷，是失败的，尽管它成功地对宏观哲学和微观认识论的目的和价值标准提出了质疑。但且慢，接下来还有三个沉思，诸位在论断本书之前应该完全了解本书的思想。

***

在结束了前三个沉思之后，笛卡儿取得了以下成果：对自身存在的确信（一个真理的样本），（可能存在的）物质的决定性属性，一个全备美善、没有欺哄的上帝。笛卡儿相信，以上这三点成果都是自己在使用了方法论怀疑、检验了自己所有思想和信念之后筛选出来的，是他在"理性之光"的照耀下看得一清二楚的真理。在此，笛卡儿最

S 从笛卡儿出发
Starting with Descartes

大的贡献就是利用方法论怀疑将我们先前只是单纯地相信的事情变成了经过检验的真理：我们的存在现在成为明确的事实，而之前我们从未质疑过自己的存在；我们现在证明了上帝的存在，而先前我们只是单纯地相信上帝。笛卡儿单凭前三个沉思对哲学界做出的贡献是里程碑式的，其后的三个沉思却有画蛇添足之嫌。我们接下来将会了解到，或许笛卡儿止于前三个沉思才是明智的做法。

虽然前三个沉思的篇幅极为精短，但其所提出的思想的影响力不容小觑，而且笛卡儿自认为这三个沉思达到的效果还要更好。一方面，如果笛卡儿是对的，世界上存在客观真理，就等于否定了所有以历史和相对的观点认识真理的相对哲学主义者，尤其是当代反近代哲学主义者的一切观点；另一方面，如果上帝确实存在，且是完美、唯一的，就等于否定了一切无神论以及所有形式的多神论。

如果笛卡儿在前三个沉思中所取得的成果都是正确的，那么《第一哲学沉思集》是其后360年间哲学界最重要的著作则当之无愧，而且笛卡儿哲学在1641年后的发展也是哲学界唯一能够拿得出手的成果，正像怀特海说的，"所有哲学都是对柏拉图哲学的注脚"。然而，笛卡儿的观点如今被许多人视为窠臼，也被不少哲学家所拒绝。显然，鲜有人认为笛卡儿是对的。当然，在诸位读者形成自己的观点之前，让我们先看完接下来的三个沉思。

第五章　第三个沉思：论上帝是否存在的因果论证

小结

要总结前三个沉思的内容实属不易，第一个难处便是，虽然经过上述讨论之后诸位应该已经了解了前三个沉思论证的主要内容和中心思想，但如何解读这些论证仍然是个问题，尤其是应该如何解读这些论证的前提——关于客观现实的定义。接下来，在本小结中，我们将会回顾一下重点，并适当地拓展讨论。

相信诸位在前文中已经了解，第三个论证中笛卡儿用来证明上帝存在的因果论证的各种前提本身就极具讨论价值，甚至比因果论证本身更有意义。笛卡儿在第三个沉思中不仅提出了因果论证，还提出了概念分类标准。笛卡儿对自己心灵中的概念进行了分类：由外因引起的或者可能是由外因引起的为一类；来自自己的概念归为一类。笛卡儿关注的重点放在前一类，由外因引起的或者可能是由外因引起的概念中，笛卡儿最关心也是他讨论最正确的就是关于上帝的概念。

事情到这里就复杂了，关于上帝的概念在笛卡儿看来并不仅仅有一个外因。基于因果假说，关于上帝的概念太过伟大，如果不是凭借着完美的上帝的存在而是单单凭借人类智慧或者想象是不可能产生这样一个概念的，这也就意味着关于上帝的概念证明了上帝的真实存在。我们可以这样理解笛卡儿的逻辑：关于上帝的概念本身具有的特点就

从笛卡儿出发
Starting with Descartes

证明了关于上帝的概念不是由人创造的。我们可以说,因果论证更像一个声明而不是一个论证,更像是在陈述一种直觉,而这种直觉的效用又不如思存相依论证那样强。换句话说,因果论证与其说是阐明了上帝的存在,倒不如说是促使人们认识到了自己已经知道却没有意识到自己知道的事实。从这个角度看,我们可以发现因果论证与思存相依论证的相似之处。

根据"无中不生有"原则,一个果的因所拥有的能力或者真实程度必然超过或者至少等于该果,因此只有真实存在的完美上帝才可能是关于上帝的概念的来源,而"无中不生有"原则的成立依据是理性真理。所有这一切论证都指出,关于上帝的概念中存在一种独特的、强大的客观真实性,问题在于,这个客观真实性究竟是什么。

本小结的最佳结束方式或许就是重申笛卡儿的因果论证中存在的问题,我们可以借用与笛卡儿同时期的哲学家对笛卡儿的三点批评:第一,笛卡儿声称,"关于上帝的概念与其他关于有限实体的概念相比拥有更多客观真实性";第二,笛卡儿利用客观真实性这个标准来论证只有一个真实的完美上帝才能是关于上帝的概念的来源;第三,笛卡儿申明,"人类智慧是不能完全认识无限实体的,因此,人类心灵既没有也没有能力拥有一个代表着无限实体的概念"(Cottingham 1995, 81)。

笛卡儿详细地回答了这些批评,但他的回答基本没有脱离第三个沉思的主旨。笛卡儿希望通过重申"人们所拥有的关于无限实体的概念虽然不能完美地反映无限实体,但是确实在某种程度上来源于并且

第五章 第三个沉思:论上帝是否存在的因果论证

体现了客观现实"这一观点来回应各路批评。可这又带来一个问题,即我们应该如何解读一个拥有如此强的客观现实的概念?

棘手的是,我们找不出一个很好的回答。笛卡儿认为,虽然关于上帝的概念本身不是完美的,却有一定程度的客观现实性。同时,我们不能忘记笛卡儿所说的这个客观现实性是思维的对象,而这种客观现实性必然有其来源,那么我们应该如何解读一个拥有如此强的客观现实的概念呢?或者说,从一个拥有如此强的客观现实的概念的存在中,我们可以看出什么呢?

有些人或许会认为,关于上帝的概念确实与对自己的存在的认识一样是毋庸置疑的真理。当然,我们不能如此草率地全盘接受笛卡儿的观点,因为思存相依论证所证明的是关于自己的存在的概念,而因果论证所证明的却是关于上帝的概念的来源。换句话说,思存相依论证中运用的直觉是直接利用"我思故我在"确立的,而上帝的存在不能由上帝的概念直接确立,毕竟上帝的概念和上帝的存在这两者的客观现实性是不对等的。如果笛卡儿做出让步说,关于上帝的概念具有特殊的客观现实性,足以证明其源头的成立,那么因果论证就完全是多余的论证,因为上帝的概念到上帝的存在是自证的,正如思存相依的直觉是自证的。

在最后一篇分析中,笛卡儿提出,关于上帝的概念包含了重要的客观现实性,只有一个完美的无限实体够资格作该概念的源头。然而,这个说法存在漏洞,笛卡儿自己也承认受制于人类认知的能力,关于上帝的概念本身不是完美的,既然这一概念本身不是完美的,那么

从笛卡儿出发
Starting with Descartes

就存在另一种可能,即这个概念是由人自己通过积累、拼凑创造的,而不是来源于一个完美的外因。这种解释完全不违背笛卡儿因果论证的精神,因为笛卡儿的因果论证是一个后验论证,也就是说,这个论证是建立在经验的基础上的,所以,积累拼凑论也可以成为这一论证的可行结论。换句话说,因为笛卡儿的论证是因果论证而不是纯认知论证,所以笛卡儿的论证结论不是唯一的,还有其他许多可能的成因可以用来解释关于上帝的概念为什么存在。等我们读完第五个沉思再回头看这个论证,就会发现,笛卡儿提出的这个因果论证在本质上其实是一种先验本体论论证。本体论论证的第一位使用者是中世纪哲学家、理论家安塞尔姆(Anselm, 1033—1109)。这个论证之所以被称为本体论论证,是因为该论证的运作机理是用关于上帝的知识证明上帝的存在。

关于上帝存在的争论既不始于也不止于笛卡儿,而是从古延续至今的讨论(Matson 1965)。但是,证明上帝的方式无外乎通过信仰,而非通过逻辑理智或事实证据。笛卡儿在第三个沉思中提出的新颖的因果论证引发了学界的广泛讨论,然而,最终对哲学发展贡献最大的却是笛卡儿的概念的分类法。笛卡儿将概念分为心灵的获得物、心灵的自有物和心灵的自产物,这一分类法对其后的认识论发展尤其是经验主义发展具有深远的影响。该分类法的根本意义不在于它区分了不同的概念,而在于这个分类法将人类所有的概念,也就是心灵内容物都包括在内,从而改变了人们对心灵与世界的联系方式的认识。心灵获得的概念是对存在于心灵之外的事物的反映,这类概念是最接

第五章 第三个沉思：论上帝是否存在的因果论证

近外在世界的一类概念，人类不能超越自己的心灵，只能认识到心灵中存在的一切。心灵获得的概念的来源是否真实必须通过论证才能确定，因此笛卡儿将人类意识看作单独的一种事物。福柯这样总结笛卡儿将人类意识看作单独事物的观点："休谟已经成为可能。"（Foucault 1973, 60）

笛卡儿提出，人类心灵的内容物就是人类能够认知的一切，而且人类心灵的内容物有可能是这个世界上唯一存在的东西，因为无论经过多少论证和经验的实证，某个概念在现实世界的那个来源永远只是人们的推测。因此，笛卡儿的认识论在其后300多年的发展中不断地指导人们去探寻心灵之外是否存在任何事物（包括其他心灵），而这300多年的探索最终没有成果，这条道路也看不到曙光。

许多读者可能会发现，本"小结"并不像一个总结性的回顾，反而其本身还需要进一步概括。虽然行文太过曲折会显得不够恰当，但为了领会笛卡儿的思想，确实有必要时常回顾前文。为了让读者更清楚地掌握《第一哲学沉思集》的内容，下一章还将对前三个沉思中最重要的内容进行回顾。

回顾与概括

第六章

从笛卡儿出发
Starting with Descartes

在研习第四个沉思之前,我们需要先整理一下前三个沉思中的几个重点,因为前三个沉思所提出的许多思想在笛卡儿哲学中具有举足轻重的地位。前两个沉思的内容十分新颖,并且很有说服力,而第三个沉思虽然没能通过因果论证彻底说服大众接受上帝的存在,但在论证的形式上却有独到的原创性,而且对认识论的发展也起到了不可小觑的推动作用。与此形成鲜明对比,第四、第五和第六个沉思在哲学上的意义实在不如前三个沉思:第四个沉思提出了一个非常聪明但有跑题之嫌的论证;第五个沉思类似于冗长版的安塞尔姆式本体论论证;第六个沉思终于开始论证物质的存在,但此时再论证物质对笛卡儿哲学的整体意义不大。与之相对,《第一哲学沉思集》之所以成为笛卡儿一生最有名、阅读量最大的著作,其根本原因在于前三个沉思对哲学界的贡献,因此,我们不如节省后三个沉思讨论的篇幅,在此花费更多笔墨回顾前三个沉思的重点,相信这样安排能够为诸位读者带来更多益处。

第六章 回顾与概括

***

我们先来复习一下方法论怀疑。虽然在具体操作中，笛卡儿通过梦境假说与邪灵假说铺垫和引入方法论怀疑，但其实他也可以用其他方式提出方法论怀疑。我们抛开这两个假说单独看方法论怀疑，就会发现其核心思想是：因为要对每一个知识和信念进行认识论分析，辨明其真伪实属不易，倒不如将一切知识和信念看作一个整体进行全面怀疑，也就是说，在证明任何一个知识是毋庸置疑的真理之前，所有的知识都先假定为谬论。对于一个立志要追求真理的人而言，用这种方式去伪存真才是最现实的做法。笛卡儿的原话是，他会"暂时假装自己所相信和接受的一切都是完全错误的，是纯粹的想象的产物"（Cottingham 1995, 15）。笛卡儿提出梦境假说和邪灵假说的目的是：有了这两个假说，就可以将一切知识和信念假定为谬论，而由于没有人可以证明这两个假说不符合现实情况，于是所有人都只能跟着笛卡儿进入方法论怀疑，也就是在找到任何在"理性之光"的照耀下显现的毋庸置疑的真理前怀疑一切。

但是，笛卡儿在执行方法论怀疑的过程中明显地暴露了他的准备不足或者说设计缺陷，因为笛卡儿并没有严格地将方法论怀疑贯彻到书中出现的每一个思想，而是出于方便，怀疑一部分，放过一部分。最明显的例子就是，笛卡儿没有对关于实体的概念进行怀疑，而且在没有对"无中不生有"这一原则进行怀疑的前提下直接将其应用于论证

从笛卡儿出发
Starting with Descartes

中。笛卡儿认为，这两个概念都是不证自明的，而这种不证自明恰恰是方法论怀疑所不能容忍的态度。此外，方法论怀疑在实际应用中最严重的瑕疵是，笛卡儿仅仅用它来怀疑思维和概念的对象，而没有用它来怀疑思维活动的机理以及形成概念的过程。

在运用方法论怀疑检验思维活动的对象前，笛卡儿已经在第三个沉思中预先将心灵中各种概念是真理的可能性进行了梳理。笛卡儿提醒读者注意，在人的心灵中，除了关于物的概念以外还存在着其他的东西，但由此衍生出的模糊和矛盾影响了整个笛卡儿哲学（Cottingham 1995，24—26）。笛卡儿有时使用概念来指代心灵的一切内容物，有时却又表示心灵中除了概念以外还存在着其他事物，比如意志、情感和判断。

笛卡儿在表达上的这种前后混乱最有可能的原因是，使用"概念"一词的含义并非一成不变，有时笛卡儿使用的概念有广泛的、内涵丰富的意义，而有时所表达的是特定的、内涵明确且简单的意义。回顾一下本书第三章提到的，有一些概念可能是自证为真的，或者是直接以"为真"的状态呈现给心灵的。此处的重点是，从人类的认知角度来看，可证真伪的概念是命题或是陈述或是信念。但是，笛卡儿显然不顾语言在哲学中的作用，因此，他认为真理就是概念本身，而不是某种语言的表达。

从第三个沉思我们可以了解到笛卡儿对人类判断的认识：虽然我们在阅读《第一哲学沉思集》时常常看到笛卡儿使用诸如"正确的概念""错误的概念"一类的表达，但他也申明了真正可以判断"正

第六章 回顾与概括

确"或"错误"的是人类的判断。笛卡儿的原文可以证实这一点："当我们仅仅评判概念本身而不考虑其可能的源头时,我们对概念本身很难有是非判断。换句话说,概念作为呈献给心灵的素材是不带正误的,是中立的,因为概念不过是人类意识对某个对象的反映。"笛卡儿本人的原话不曾提到概念没有正误,但是,我们确实可以从笛卡儿的话中解读出这样一层意思:概念本身并没有正误,对概念的判断才有正误之分。换句话说,我们可以判断某概念是否如实地反映了概念的来源。但问题是,笛卡儿对概念做出判断的过程不甚严谨,很难说是否是因为笛卡儿对概念反映来源的如实度的判断不够严格而使其将某些概念确立为"不容存疑的真理"。笛卡儿对概念做出判断的过程类似于用肉眼观察一幅图画,然后,针对该图画反映画面中物体的真实程度回答"真实"和"不真实"。

笛卡儿本人当然不可能预知其后的康德哲学以及概念化过程在判断意识内容物的过程中所起的作用,也就是说,我们应该理解笛卡儿哲学受到的客观局限。笛卡儿认为,概念的正误无法判断,是因为他没有考虑到概念形成的机理,在他看来,概念就是某个装进心灵的物体。概念化过程就是解释概念的形成机理的理论,该理论认为,人类意识的一切内容都是由人的已有印象定义的,而我们对一切事物的判断都是意识的内容,是我们自己的某种概念化过程。笛卡儿对概念化过程的作用的认识不足明显地暴露在他对上帝的存在的因果论证中,因为笛卡儿是根据自身对上帝的认识来衡量关于上帝的概念的客观真实性,而非通过分析关于上帝的概念本身的属性。

从笛卡儿出发
Starting with Descartes

总体上看,康德派哲学的观点是任何特定事物在不同的人的意识中会表现出些微不同,无论该事物来自外界还是来自人类心灵本身。所有人类的意识内容,所有的思维对象都是在经过我们已有印象的梳理后成为我们认知的一部分。笛卡儿派哲学和康德派哲学在概念形成机理上的分歧就源于康德派哲学家考虑了已有印象在概念形成过程中的作用,而笛卡儿认为,概念的形成过程与视觉接受信息的过程类似。笛卡儿用来解释概念形成机理的视觉比喻将概念的产生视为对外界的特定反映或是心灵内部特定条件下产生的成果,是固定的产品,不存在个人化的差异,而且这种固定性是笛卡儿许多论证的前提,尤其是在寻找绝对真理的过程中,只有当概念具有固定性时,人们才可能借由"理性之光"的帮助在人类知识中找到真理。

根据笛卡儿对概念的定义,人的"判断"相应地就应该被定义为对概念的肯定或否定,例如,我们判断关于马的概念是正确的概念,因为该概念正确地反映了现实:现实中的马。而我们常判断关于独角兽的概念是错误的概念,是一个人为整合或者说捏造的概念,因为该概念没有正确地反映现实:现实中不存在独角兽。

***

笛卡儿的方法论怀疑难免招致两个批评。第一个批评很直接,那就是笛卡儿在实际做学问的过程中并没有把自己提出的怀疑一切的方法论怀疑应用于自己的一切观点中。前文中已经提到,最明显的

第六章 回顾与概括

例子就是，笛卡儿没有怀疑自己论证中的两个关键哲学概念：一是早期希腊哲学中的"无中不生有"原则或称为因果原则；二是亚里士多德和学院派对于实体以及实体具有决定性属性的观点。如果笛卡儿严格地将方法论怀疑贯彻于自己的整套哲学中的话，这些观点都应该经过方法论怀疑的论证，然而，笛卡儿并没有将方法论怀疑用于以上原则中。

另一个批评相对不那么直接，同样也与方法论怀疑的运用有关，但该批评所针对的对象更加具体，具体到了个别的前提和假设。我们从两个方面来说。第一个方面就是笛卡儿在追寻真理的过程中从未考虑记忆的可靠性。有学者认为，如果要彻底贯彻方法论怀疑，那么在论证时，从前提到假设这一过程中人们所使用的记忆也应该用方法论怀疑来检验。因为，如果邪灵可以在5加5等于10这种知识上欺骗笛卡儿，那么邪灵也可能在笛卡儿进行论证的过程中使其忘记一两个论证的前提。但问题是，如果笛卡儿怀疑自己的记忆，那么他很可能连第一个沉思都无法完成。此外，许多人认为，《第一哲学沉思集》的全部内容就是说出了笛卡儿在提出思存相依论证的同时，进行了思维活动。

第二个方面是，笛卡儿在论证过程中没有讨论语言的作用，但是，我们不该指责笛卡儿不重视语言的作用，因为当时的语言学理论还没有发展起来，正如我们无法指责笛卡儿不考虑概念化过程对概念形成过程的影响一样。但有一点笛卡儿确实应受指责，那就是他在使用词汇（如"概念"一词）时前后不一致的问题。整本书中，笛卡儿在使用词汇时不严谨的态度，确实导致了不少问题。

从笛卡儿出发
Starting with Descartes

许多受到当代哲学思想影响的读者,尤其是哲学初学者可能会有感于前文所讨论的笛卡儿哲学思想的分量,而不敢对其妄加评论。在当代哲学思潮中,评论哲学大家的思想是"僭越",人们也不愿意做一个"爱评价他人"的人。但是,这种思潮实际上抹杀了哲学的本质——批判。本书对笛卡儿哲学的评论并不是对笛卡儿哲学的否定,而是对其的传承与发展,也是为了让学界更能看清笛卡儿哲学,尤其是为了让诸位看清笛卡儿哲学的失误。无论是对于《第一哲学沉思集》还是对于哲学界,各类评论的涌现、各种思潮的兴起都是其发展的重要推动力。

***

毫无疑问,思存相依论证是《第一哲学沉思集》的招牌论证。乍看之下,该论证无懈可击,但细看依旧可以分辨出不少问题。最突出的就是,本书第四章提到的笛卡儿由思存相依论证得出自己是"思考的东西",是心灵实体这一结论存在严重瑕疵。严格来说,思存相依论证能够证明的只有"当思维活动发生时定有思维存在"。

笛卡儿用思存相依论证得出自己是"会思考的"心灵实体这个过程看起来水到渠成,可能许多读者也会受到他的蒙蔽,但问题在于,"我思考,我存在"这个论断中的"我"显然不仅仅指代瞬间的思维,而且应该包括所有"我"这个词所具有的含义。所以,思存相依论证应该换一种表达方式:"一个思维活动正在发生"。换句话说,思存

第六章 回顾与概括

相依论证的问题集中于这两个"我"的含义，而根据两个"我"的含义的不同，能否得出"我是会思考的东西"这个结论还有待讨论。

笛卡儿通过思存相依论证来证明自己是思考的心灵实体的唯一依据就是，思维是心灵实体的决定性属性，因此思维不可能独立存在，而必须与心灵实体的存在保持协调一致。笛卡儿想当然地认为，有思维活动发生就意味着有思维活动的承载主体存在。正如前文所述，笛卡儿在这一点上讨论不足、依据不足，思维是心灵实体的决定性属性这一前提是笛卡儿在未经论证的情况下借用了亚里士多德学院派的思想。笛卡儿没有考虑另一种思维活动的存在可能性，也就是休谟哲学对思维的观点。休谟认为，思维本身独立存在，我们不得不承认，休谟的说法有一定的道理，而一旦休谟的说法成立，那么笛卡儿从思维活动的发生到"我是思考的东西"的结论这一步就是错误的。

***

接下来讨论的是笛卡儿对上帝存在的因果论证。我们已经清楚地指出了该论证的前提所存在的问题，即笛卡儿在未经论证的情况下将"无中不生有"原则和因果原则用于论证，甚至将这两个论证作为整个因果论证的基础，这两个原则不成立则整个论证都不成立。其实，这个论证还存在着一个问题，笛卡儿的因果论证所讨论的对象是一个关于完美的唯一上帝的概念，其实选择还有很多，比如：或许上帝不止一位；上帝可能是受时间限制的；上帝可能不是全能的；上帝或许不是全知的；上帝或许不是全备美善不能容忍邪恶的。笛卡儿的论证其实也建立在上帝完全符合笛卡儿对其的描述的前提下（关于完美的唯一上帝的概念必然来自上帝本身这个"因"），如果笛卡儿对上帝的描述不正确，就不能证明上帝的存在。

因果论证的另一个问题是，人们是否有能力获得关于一个完美、无限的上帝的概念。在讨论这个问题之前，我们需要先来了解一下通常归于上帝的各个特性应该作何解释。比如，人们普遍认为，上帝具有全知和全能这两个特点，并且上帝的善良是无限的，上帝通常还被认为是无所不能、无所不知、全备美善的。

一个全备美善的上帝必然是仁慈的，因为仁慈是美善的一部分。而上帝不仅有仁慈这一属性，他还有另一个属性——公义。既然上帝是全备美善的，那么上帝的仁慈和公义都是完美的。问题就在于，在某些情况下，如果上帝想要显示他的仁慈，就无法显示其完美的公义。虽然仁慈和公义在一定程度上可以共存，但是，如果仁慈和公义都要达到完美的程度，就会令上帝陷入两难境地，因此关于上帝的概念中的一大矛盾就是，完美的公义如何与完美的仁慈共存。

笛卡儿关于上帝的因果论证还陷入了应该归为先验论证还是后验论证的立场"纠纷"：先验论证是仅仅用理性进行的论证，而后验论证是同时运用理性和经验的论证。因果论证之所以会陷入归属的纠纷，是因为笛卡儿在第三个论证中提出的因果论证是后验论证，而第五个沉思中笛卡儿提出的安塞尔姆式本体论论证又属于先验论证。问题就在于，笛卡儿的后验论证为何在沉思进行的过程中因为坚持上帝

第六章　回顾与概括

的完美而逐渐崩塌沦为先验论证。

阿奎纳斯（Aquinas）提出了五个针对上帝存在与否的论证，这五个论证与上帝的五个关键属性联系紧密，他先是分别对五个属性进行论证，然后对一个整合了这五个属性的实体（也就是上帝）进行论证。阿奎纳斯的论证方法与本体论论证形成了鲜明对比，其本意也是要避免用本体论论证来证明上帝的存在，他认为，人类要完全认识上帝的本质是不可能的。

阿奎纳斯在对上帝属性的每一个论证中，都得出一个结论证明论证对象的成立，比如，其中一个论证的结论是证明一切事物的"第一因"的存在（Matson 1965）。完成了这个论证之后，他才将这个"第一因"称为上帝。阿奎纳斯之所以要分出五个论证来论证同一个对象，是因为，如果他要将这五个论证的结论用一个总的论证得出，他就没有足够的论据来完成这个总的论证。

笛卡儿的论证策略与阿奎纳斯的截然不同，他的论证本应是后验论证，因为该论证建立在人们对关于完美上帝的概念的经验之上，是以人们首先有了一个关于上帝的概念为出发点。笛卡儿的论证策略则是找出证据支持人们公认的上帝的各种特质，但问题也随之而来，那就是上帝的各种特质也可以通过论证来否定，正如前文中的仁慈和公义的特质，这是因为针对上帝特质的论证的方向由论证者的思想、立场所左右。比如，有人可能认为上帝受限于时间，是运动变化的实体，上帝是对全知的无限接近。这也就是为什么笛卡儿的同代人批评笛卡儿的论证是"自诩能够了解完美"的空谈，因为我们只有对完美的上帝了解到一定的程度，才会认同笛卡儿提出的关于上帝的概念必以上帝本身为因的说法。

　　我不希望诸位读者陷入针对思想、立场的论战，我的目的只是想借此告诉诸位，笛卡儿在执行方法论怀疑的过程中出现了部分漏洞。客观上，我们不能要求笛卡儿从概念化过程的角度来分析上帝，在第三个沉思中，笛卡儿没能透彻地分析人类关于上帝的概念，而是提出了一套极具争议的"上帝的特性"，结果就是，笛卡儿的论证没有达到他预期的效果：用笛卡儿认定的该概念所具有的客观现实性来证明该概念的现实源头必然存在。此外，我们在讨论笛卡儿版的本体论论证时也会提到，笛卡儿处理关于完美上帝的概念的手法从第三个沉思的后验到第五个沉思中变成了先验，于是，对上帝的论证也由第三个沉思的因果论证沦为了第五个沉思的本体论论证。

＊＊＊

　　我撰写本章的目的是，利用许多学者以及我本人对笛卡儿哲学的批评为诸位读者提供一个更清晰的视角来观察笛卡儿哲学的全貌，同时也是为了消除诸位读者或许会有的对《第一哲学沉思集》的迷信。本书面向哲学入门级读者，因此其风格偏向全面与细致。通过本章的回顾，希望诸位读者已达成上述目标，那么接下来让我们一起来看第四个沉思。

第四个沉思：人为何犯错

第七章

从笛卡儿出发
Starting with Descartes

本书对第四、第五和第六个沉思的分析会比较简略,虽然后三个沉思所思考的主题看起来不小,但这三个沉思中的论证和结论的重要性却比不上前三个沉思:第一个沉思中的方法论怀疑,第二个沉思中的"我思我在"论证以及第三个沉思中对上帝存在的因果论证。第四个沉思的讨论主题——对人类犯错的原因的探寻——纯粹是笛卡儿为了自己的哲学理论更加完整才做出的,而第五个沉思的论证究其本质其实是本体论论证,第六个沉思中对物质的论证则使全书变得虎头蛇尾。

第四个沉思的目的是解决由上帝完美以及全备美善的特性引发的一个问题,那就是为什么如此完美、全备美善的上帝居然会允许人类犯错。虽然笛卡儿没有明确使用"邪恶"一词,而是使用"错误"一词,但我们可以从上下文判断出笛卡儿在第四个沉思中思考的问题其实就是上帝为何容忍"邪恶"的存在,又为何眼睁睁地看着人类犯错而受惩戒。

对邪恶的存在最常见的解释是,由于人类被造之时拥有自由意志,因此可以凭借自己的意志做出选择,凭借意志采取行动,并为自己

第七章　第四个沉思：人为何犯错

的选择和行为负责，可不幸的是，人类的选择常常是错误的（Matson 1965, 135—170）。但是，假如没有自由意志，假如人们不可能犯错，也就不能因自己正确的选择、好的行为以及对恶行的刻意回避而获得救赎。人类若要成为道德主体，就必须拥有自由意志，也就意味着罪和罚的必然存在。虽然笛卡儿对人类会犯错的解释在表达形式上有所创新，但实际上与传统的对"为何人类会犯错"的回答基本一致。

***

笛卡儿对人类犯错的解释总体上建立在自己的认识论上，他之所以要对人类犯错的原因进行探究，是因为在前文中他用人类的各种感知错误说明方法论怀疑的必要性。在笛卡儿看来，人们的错误总是发生在对概念进行判断以及将概念与现实进行比较的过程中，这是因为，要么概念其实没有反映现实，要么概念对现实的反映没有达到百分百准确。但人们的错误不仅包括错误地接受没有正确反映现实的概念，还包括整个概念—认知系统的问题，颜色就是这类问题中一个典型的例子。人们通常有关于颜色的概念，并认为颜色是物体自身的属性，但实际上，颜色或许是由该物体的其他属性（如质地）引起的一种现象。笛卡儿认为，像颜色这样的感知错误是整个感官认知系统的问题，而不是偶然认知失误。

乍看之下，似乎人类之所以会犯错，上帝难辞其咎，因为上帝没有给我们一套更好的感官系统和更高的智力。若果真如此，我们就面

从笛卡儿出发
Starting with Descartes

临着两个棘手的问题：一是有可能上帝的能力是有限的，否则他完全可以把我们造得更好；二是上帝虽然全能，他却故意把我们造得有缺陷。无论是哪种情况，一旦属实，那么上帝都不是完美的，因为前一种情况说明上帝非全能，后一种情况意味着上帝非全善，不管哪种情况都说明了上帝不是完美的。

笛卡儿为了引出方法论怀疑，不断地重申人类容易犯错的天性，而上帝的完美本质又是笛卡儿论证上帝存在的必需条件。为了让自己的哲学理论能够自圆其说，笛卡儿必须给出一个解释，为什么如此完美的上帝的所造之物——人类——如此爱犯错。笛卡儿自然不能让上帝为我们的错误背黑锅，他必须在不破坏上帝完美本质的前提下，说明人类犯错的原因。然而，笛卡儿又不能收回已经提出的主张，那就是每一个人都会犯错误，而且他观察到，人们通过视觉收集到的有关物体属性的许多信息其实并没有真实地反映该物体的该属性，这些信息其实反映了自己心灵中的概念的属性。

或许有读者会产生这样的疑惑：我们的感知系统如何导致人类获得错误的概念，感知系统导致的错误又为何需要我们人类为之负责？笛卡儿的回答是：我们需要仔细甄别感知系统带给我们的一切概念，在此过程中，我们不仅需要甄别以个体形式出现的概念，还需要甄别以类别方式出现的概念组，否则，我们的疏忽也应该算作我们的错误。

笛卡儿的论证主旨是说明人类犯错并非上帝的责任，因为上帝已经给了人类所有当用的智力、才能以及足够准确的感官系统。假如人

第七章 第四个沉思：人为何犯错

类犯错，那就是因为人类没能正确地使用上帝给我们的能力。笛卡儿指出，上帝把人类创造为道德主体的前提是，人类在善恶选择上拥有完全的自由意志，并且笛卡儿还指出，自由意志是不可分级的，换句话说就是自由与不自由之间没有灰色地带，一个人的意志要么完全自由，要么完全不自由，不存在受限制的自由或者一定程度上的自由，即使是全能的上帝也必须给予人类完全的、不受任何限制的选择自由，否则，他就不能要求人类对自己的行为和选择负全责。

为了帮助成长于当代哲学时期的读者更好地理解笛卡儿关于人类选择和责任的看法，我们必须明白，笛卡儿时期的哲学家远比现代人更加重视与强调人类行为和责任之间的联系。现在的社会越来越多地使用"医学观点"来解释人类行为，认为人类各种行为产生的原因植根于个人经历，我们很难再看到笛卡儿时期流行的观点——人类行为是个人选择的结果。

当今社会以及当代法律对待道德的态度越来越松懈，比较当下与笛卡儿时期普遍为人所接受的伦理纲常和法律规定，我们不难发现，当时的人们对待道德层面的事务更加严肃。因此，在阅读笛卡儿的第四个沉思时，也请诸位读者记住一点，那就是在笛卡儿看来，人类所受的审判与最终在天堂的位置都是与自己的选择和行为息息相关的，既然每个人的选择最终决定了他的结局，那么人类就必须有完全自由的选择权。

从笛卡儿出发
Starting with Descartes

***

笛卡儿的因果论证就是为证明完美、全知、全能、全善的上帝而设计的,而且笛卡儿也讨论了人类必须拥有完全自由意志的理由,他接下来的论证就是告诉读者,上帝没有义务也没有必要赋予人类完美的智慧,上帝已经为人类配置了生活所需的能力与认识世界必需的智力,也令人类明白上帝的存在及人类自身的存在是真实可靠的。虽然上帝给了我们足够的智力,人类依然会犯认知方面的错误。现在的问题就是,不管如何解释人类偶尔的认知错误都不应该归咎于上帝。

笛卡儿的论证中创新的部分就在于,笛卡儿将人类偶尔的认知错误归结为:人类勉强够用的智慧和认知能力在人类完全自由的意志面前显出了捉襟见肘的状态,人类鲁莽之下做出的决定常常是错的。也就是说,笛卡儿认为,人的智慧与自由意志之间的交锋是人类犯错的原因,由此,他便将人类犯错的责任从上帝身上撇清了。

我们来梳理一下笛卡儿对人类错误的解释:人类的智力不能判断概念是否如实反映了事实,但心灵必须对概念做出一个价值判断,既然人类的智力没有能力做出这类判断,人类就必须动用意志,也就是"决定"某概念的正误。而错误的本质就是,人类太过草率和鲁莽的决定,在没有充足依据的情况下对概念妄下判断,人类甚至还会在了解事实真相前就开始论断[Descartes 4, 54, 56(I, 175, 176)]。因此,人类的错误的本质就是人类在不受限制的自由意志驱使下做出的错误判断。

第七章 第四个沉思：人为何犯错

这里又产生了一个新的问题：既然人类的自由意志会促使错误判断的产生，而上帝又是赋予人自由意志的那一位，是不是要怪上帝不该将人类创造成具有自由意志的主体？不，完全不是。我们必须认识到，自由意志本身不产生判断，是人类自己在行使自由意志的过程中因为利益的驱使、欲望的引诱而做出了错误的决定。自由意志正如智力，只不过是一个工具，这些工具的使用者是人类自身，工具本身没有好坏之别，问题在于，人类使用工具的目的是不断追求私欲。人类总是看到自己希望看到的事情，而不是客观地思考获得的信息以追寻事实的真相。人类犯错是自身原因，不能怨造物主。

笛卡儿将人类犯错的原因归结于人类总是鲁莽地做决定，借此他希望读者们能够明白方法论怀疑的必要性，并且从方法论怀疑在实际操作过程中发展出的分析方法中获益。如果人类要用有限的智力认识和追求真理，就必须要改变做判断时的态度，必须用一丝不苟的严谨态度、批评性的分析以及建设性的怀疑主义来完成对概念的价值判断。笛卡儿相信，若人类能够妥善使用上帝赋予人类的智慧，那么人类要做出正确的判断和选择是完全没有问题的。并且笛卡儿也相信，只有通过严谨地使用上帝赋予人类的智慧，人类才能达到造物主的预期目标。笛卡儿相信，对自身存在和对上帝存在的成功证明就是实例。

第四个沉思的最终结论就是，人类犯错的原因应该归咎于自身而非上帝：我们自己错误地使用了有限的智慧，在自由意志的纵容下草率地做出各种判断，得出结论，怀着偏见甚至无知来评价各种概念。如果人类能足够谨慎并能在建设性地怀疑且透彻地分析了现象之后再下定论，我们就不会犯错，而且人类的智慧也足以满足自身的各类需求。

笛卡儿对人类犯错的原因的解释（人类有限智慧与无限自由的意志之间的不对等）引发了学界的不少讨论。我罗列了较为常见的几种质疑，并按照笛卡儿的思想模拟了可能的回答。有人可能会对笛卡儿提出这样的质疑：上帝既然是全知且良善的，他就应该了解赋予人类有限智慧和无限自由的后果；如果上帝真的为人类着想，就应该寻找一个人类自由和智慧的平衡点并以此为基础创造人类，也就是说，在赋予人类完全自由意志的同时，给人类更多智慧或者更容易控制的欲望。我们可以推测笛卡儿如此回应：由于人类必须拥有完全的自由意志才能成为对自己的一切行为和选择负全责的道德主体，因此上帝不得不给予人类无限自由；上帝要想防止人类犯错，恐怕只能再给予人类无限的智慧，但如果上帝这样做，那么人类就可以与上帝匹敌了。

如果我们问笛卡儿：人类要是拥有无限智慧并与上帝匹敌，会有什么问题？笛卡儿会这样回答：那样的话就等于上帝剥夺了人类自己争取救赎并进入天堂的机会。我们很可能又会问：为什么上帝不直接让人类一受造就成为天堂居民，跳过在世界上的生活？显而易见，笛卡儿会这样回答：这是因为救赎是一种"二阶"好处，换句话说，即救赎是人类在战胜了邪恶之后才能获得的好处。至于笛卡儿针对邪恶的存在的讨论，我们由此可以得出一个结论，那就是这种所谓的"二阶"好处是为了使上帝对邪恶的容忍变得合情合理而刻意提出的说法。

第七章 第四个沉思：人为何犯错

无论诸位读者如何看待笛卡儿对人类犯错的原因的解释，我们都不得不承认，笛卡儿确实避免了一场理论危机。一方面，为了使方法论怀疑成立，笛卡儿指出，人类极易犯错；另一方面，又避免了人类的错误对上帝的完美造成损害。

***

虽然笛卡儿对人类犯错的问题的解释有部分创新，但这解释同时也引发了关于心灵的本质和特征的问题，比如，笛卡儿对人类智慧的理解的问题，对人类认知能力的描述的问题，将什么归为人类的意志成分又将什么归为非意志成分的问题。第四个沉思所引发的这些问题甚至比该沉思原本设计用来解决的问题还要严重。笛卡儿认识到，概念本身在未被心灵论断之前以一种中立的、不带有价值判断的形式存在于心灵中，也就是说，在我们确定某一概念的真实性之前，所有的概念都可能是幻象。那么，人类感知世界的过程就是先获得一个中立的概念，然后，心灵对该概念做出判断。在这个过程中，概念的来源确实就像一幅图画，如果我们对该概念做出了正确的判断，那么，此概念与相应的判断就综合地反映了我们周围的世界。

以关于桌子的概念为例，当我们获得这个概念时，该概念在我们的心灵中就像一元硬币在我们的口袋中，此时该硬币是没有任何价值的，只有当我们试图用该硬币购买某物时，这枚硬币才有了价值。在使用之前，无论该硬币是真钱还是假钱对我们而言都没有区别，而当我们需要使用它时，它的真假就至关重要了。同样地，关于桌子的概念也是如此，当我们获得眼前有一张桌子这样的概念时，概念本身没有价值和意义，正如一元硬币藏于我们的口袋里。而当我们试图将某物放置于桌子上时，也就是我们使用该概念时，这个概念的真假才具有现实意义，就像我们使用这枚硬币去买东西时该硬币的真假才具有意义一样。如果这个概念为真，那么桌子就能支撑我们放置其上的东西；但如果这个概念为假，我们就无法将任何东西放在"桌子"上。当然，人类判断概念的过程比这个例子要抽象且复杂得多，但通常概念的真假是通过我们使用该概念的过程显现出来的。

上述说法存在着两个问题。第一个问题是，笛卡儿所说的概念获得与判断分"两步走"的这种过程得不到人们主观经验的支持。我们对周围世界的感知过程就是直接认识到周围的世界，尽管有时候会出错。而根据笛卡儿的说法，人类对自身心灵的认识是直接的，如果真存在着这样一个"两步"认知过程，人类的主观感知就应该会发现。这种"两步认知理论"似乎是笛卡儿捏造出来强行将人类的错误与人的鲁莽决定联系在一起的工具。

第二个问题是，即使我们只是为了论证的进行暂时让笛卡儿的说辞成立，我们依然面临一个问题：即使我们获得了桌子的概念，并将这个概念确立为真，也不等于证明了桌子这个物件的存在。我们以为可以通过往桌子上放置物体来帮助判断概念的真假，但如果连"放置东西"这一个概念也是我们的幻想，我们还是无法证明在现实物质世界中存在着一张桌子。证明物质存在的最大障碍来自笛卡儿哲学本身：

第七章 第四个沉思:人为何犯错

根据笛卡儿对心灵的定义,人类能够直接认识到的只有心灵中的概念,人类认知不能超越心灵的界限去认识外在世界。因此,无论人类如何证明某个概念的真实性,人对世界的认识永远是间接的,一切概念依旧难逃"或许是梦境"的可能性。这个问题是认知学的亘古难题,困扰了包括笛卡儿在内的众多哲学家。

既然人类只能通过认识心灵中的概念间接认识世界,而所有的概念都有可能是幻觉,那么通过讨论概念来证明物质世界的存在显然行不通,因此笛卡儿需要在第六个沉思中额外证明物质的存在。

***

笛卡儿的"两步认知理论"似乎与当下的神经认知学有不谋而合之处,因此,当代读者或许会认为笛卡儿的理论"预言"且印证了科学的发展,但这种观点是大错特错的。笛卡儿的"两步认知理论"是说,人们在认识世界的过程中不是直接认识到客观对象,而是在认知过程中存在着一个人们不自知的过程。这并不是说我们可以将此过程解释为现代神经科学中的感知接收—信息解读。笛卡儿认为,人类获得概念并对概念进行判断的过程并不是一种生物反射,而是心灵的活动。此外,根据笛卡儿的进度,生理或者神经学上的活动都是物质身体的范畴,而物质的存在在第四个沉思中还未得到证明。也就是说,笛卡儿的"两步认知理论"与声波抵达耳膜—大脑解读神经冲动这类科学解释之间并没有什么联系。

从笛卡儿出发
Starting with Descartes

我对笛卡儿哲学的讨论以笛卡儿本人的关注重点——认知学为出发点。其实,笛卡儿哲学还可以从许多角度来深挖,如从前提到结论的理性推理等,但受限于本书篇幅,我只讨论了第四个沉思中最紧要的问题。

小结

笛卡儿解释了人类犯错的原因,根据他的解释,上帝赋予人无限自由意志以及有限智慧,人类的有限智慧在无限自由意志面前常常捉襟见肘。该解释依仗两个理论:一是人类拥有完全自由意志;二是获得概念—判断概念的"两步"认知过程。

虽然人类自由意志理论在对道德的讨论中扮演着至关重要的角色,在第四个沉思中却没有获得太多的关注,或许是因为判断意志是否自由的标准过于模糊,要说清"完全"自由意志也实属不易。

"两步认知理论"纯粹是关于心灵活动的理论,乍看之下有些刻意,似乎笛卡儿是为了说服读者接受上帝不应该为人类的错误负责才提出的理论,不像是一个严谨的哲学解释。甚至可以说,第四个沉思充其量解释了笛卡儿没有言明的预设,很难说服人按照笛卡儿设计的方式去接受他对人类犯错的原因的解释。

第五个沉思：证明上帝存在的本体论论证

第八章

从笛卡儿出发
Starting with Descartes

第五个沉思只用理性推理来论证上帝的存在,第五个沉思中对上帝存在的论证与第三个沉思中的因果论证不同。第三个沉思的因果论证依靠经验和推理,而第五个沉思中对上帝的论证完全依靠推理,不需要经验的介入。无论是安塞尔姆版的本体论论证还是笛卡儿版的本体论论证都是纯神学层面的论证:用与上帝相关的知识证明上帝的存在。他们使用的逻辑是:因为上帝如果不存在,与上帝有关的一切知识都不可能成立,所以上帝必然存在。而笛卡儿在第三个论证中提出的证明上帝的因果论证的立足点和说理逻辑则是根据人类对上帝的概念以及概念与概念源头之间的因果关系来证明上帝的存在。

在深入讨论第五个沉思前,我们需要厘清一个定义,许多读者可能认为,本体论论证就是说,如果我们的观念中有一个"完美上帝"的部分,那么我们自然而然地就必须接受上帝的存在。换句话说,你可能认为本体论论证的结论就是,当我们知道了上帝的本质,了解了上帝是怎么一回事,我们就必须接受上帝的存在。但实际上,本体论论证的提出并不是为了说服受众接受或者相信上帝的存在,而是为了证明上帝的存在。安塞尔姆和笛卡儿的论点是,上帝的完美就证明了上帝的存在。换句话说,当我们认识到上帝的完美本质,我们就认识到了这

第八章　第五个沉思：证明上帝存在的本体论论证

位上帝的存在。在我们仅仅是接受或者相信神的存在和我们理解上帝的（必然）存在之间有着微妙的差别，这种差别也体现在因果论证和本体论论证的论证思路中。

我们来对比一下笛卡儿通过确定物质的分布规律为其决定性属性来证明物质存在的做法。在证明物质存在的论证中，笛卡儿提出物质的决定性属性是其分布规律，虽然当时笛卡儿还没有论证物质是否存在（物质的存在是第六个沉思最终得到论证的命题），但他假设，若物质存在，那么物质必然拥有分布规律。笛卡儿用蜡的例子来描述物质的决定性属性是分布规律。然而，第五个沉思中对上帝的存在的论证理念和对物质存在的论证不同，笛卡儿认为，关于上帝的概念本身就包括了能够证明上帝的存在的决定性属性。以当代哲学的眼光来看，这类论证是不合理的，因为该论证的前提就包括了结论的成立。如果我们像笛卡儿和安塞尔姆一样接受该论证的前提，那么我们就接受该论证的结论；如果我们不接受该论证的前提，我们便无法接受该论证的结论。既然笛卡儿在第五个沉思中要用关于上帝的概念来论证上帝的存在，那么他为何要在第三个沉思中用一个因果论证来论证上帝的存在呢？或许是因为笛卡儿没有坚守住自己的论证立场，先是计划使用因果论证，而后却慢慢地滑向了本体论论证。

***

第三个沉思中的因果论证和第五个沉思中的本体论论证之间的最大区别是，前者是一个后验论证，而后者是一个先验论证，前者基于经

从笛卡儿出发
Starting with Descartes

验也就是有了人类对关于上帝的概念的主观体验之后才做出的论证，后者基于对关于上帝的概念的纯理性分析。笛卡儿从因果论证滑向本体论论证的另一个可能的原因就是，在笛卡儿看来，拥有关于上帝的概念是一种经验，而了解"上帝"这个词及其定义并非经验。

笛卡儿的论证和安塞尔姆的论证在本质上都是本体论论证，与其说笛卡儿的论证和安塞尔姆的论证是两个版本的本体论论证，倒不如说从始至终只有一个本体论论证。本体论论证在处理"上帝"这个词时，就将它定义为完美的代名词，正如字典中的每一个词条都有明确的词义一样。因此，诸位在理解本体论论证中的"上帝"时，不能与其他情形下出现的"上帝"一词相混淆。初学哲学的读者可能会误解本体论论证，认为这是论证者将一些定义强加给受众，但事实并非如此。笛卡儿与安塞尔姆的论证对"上帝"定义中的共通之处是，上帝是完美的，如果有人将上帝理解为非完美的存在，比如，认为上帝"正在无限接近完美的路上"，或者认为上帝缺少某些与完美有关的成分，那么这个人对上帝的认识，或者说他对上帝的定义和本体论论证中的上帝是不同的。这个论证所讨论的仅仅是完美上帝，而非任何其他对象。因此，虽然该论证确实存在某些问题，但并不是像某些人理解的那样试图"将某些结论强加给读者"。该论证的关注焦点只有上帝的完美，而不是为了说服受众去信仰上帝或者去遵循某些教条。我们甚至可以将"上帝"这个词替换成"完美实体"或者"最伟大的可感存在"或者"在完美这一特性上没有任何欠缺的存在"，对本体论论证都不会有影响。

第八章 第五个沉思：证明上帝存在的本体论论证

***

根据笛卡儿的说法，本体论论证是：如果我们认为"上帝"不存在或者"有可能存在"，而不是坚定、彻底地赞成上帝的存在，我们就无法完全理解"上帝"所表示的含义。这个说法也引发了一些问题，比如，"理解"和"存在"如何联系于同一个概念，又如，笛卡儿该如何解释这种"联系"的运作机理。我们需要讨论一个最基本的前提，这个前提也是安塞尔姆论证的前提，而两人都没有批判性地检验这个前提。

这个前提就是："存在"是一种属性，并且是一种正面的属性。若该前提成立，那么既然上帝是完美的，他必然拥有一切正面属性，否则在某一点上他就是有匮缺的，一个完美的上帝不可能不拥有"存在"这个属性，"存在"只是一个与"全知""全能""良善"并列的属性，是"完美"的一部分。只要我们认为上帝完美，我们就是将其作为存在的实体来思考的，而认为上帝不存在或者有可能存在的人都没有真正认识"完美上帝"。因此，本体论论证并不是说服人们去接受上帝的存在，而是一种逻辑走向：要达到完全理解"完美上帝"这个概念的目的就必须首先明白上帝是存在的。

在安塞尔姆提出的本体论论证中，他指出，一个人如果心里想着"上帝不存在"却理解《圣经》中所说的"完美上帝"，他就是在自欺欺人。因为一个人在否定上帝的同时，他就在心里形成了关于上帝的概念，而上帝的定义中包括他的完美。由于上帝的完美证明了这个人的存在，因此，他如果否定上帝的存在，其思维活动就证实了上帝的存在。这就好像一面说"天在下雨"一面说"天没下雨"，是自相矛盾的。

***

本体论论证面临着一个关键性的问题：如何将该论证从理论发展到现实？因为笛卡儿的论证依据是存在，是一种属性，是正面的属性，而"完美上帝"拥有一切正面的属性，因此上帝拥有"存在"这一属性。休谟和康德都对笛卡儿将存在视为属性的态度提出了质疑。休谟指出，如果我先想到一样东西，然后又想到这样东西是存在的，两个想法就彼此等同，后者并不比前者多了什么。康德的论证更复杂，但论点是一致的：存在并非属性；存在也不能被拥有，因此，"上帝必须拥有存在这一属性作为其完美的一部分"这种说法不正确。

与安塞尔姆同时期的哲学家——名为高尼罗的和尚这样评价安塞尔姆的本体论论证：如果安塞尔姆的本体论论证行得通，无论我们将什么定义为"完美"，那件事物都必然存在，比如"完美岛屿"。乍看之下，高尼罗的例子"完美岛屿"与"完美上帝"这两个概念之间存在着差别，因为"完美岛屿"的属性无论是在类别上还是在数量上都无法与"完美上帝"的属性相比，比如，"全知""良善"这种属性定不能加在"完美岛屿"的概念之上。然而，安塞尔姆的论证中有这

第八章 第五个沉思:证明上帝存在的本体论论证

样一个观点:上帝拥有所有与完美有关的特征,并且在人类可以认知的事物中没有任何其他事物能够比上帝更伟大。上帝的完美不是特指的。无论高尼罗的反驳是否成立,我们都可以借此审视安塞尔姆的论证,从而发现安塞尔姆对"完美上帝"这一概念的处理太过理想化。同样的问题也出现在笛卡儿的因果论证中:笛卡儿将每个人都有同一个关于上帝的概念作为论证的前提,这一点也受其同时代哲学家的诟病。无论是笛卡儿的本体论论证还是安塞尔姆的本体论论证,都给受众带来同一个问题:"完美上帝"究竟完美在哪里?换句话说,当我们仔细检查这个概念的时候就会发现,虽然我们常说上帝是完美的,但其实并不理解这里的"完美"代表什么,而且我们也不知道上帝的各种完美特性相互之间如何协调,前文中上帝的公义和仁慈之间的矛盾就是一个例子。

不管怎么说,笛卡儿认为自己的论证从前提到结论的走势一帆风顺,并且坚信上帝的本质和上帝的存在是不可分割的,上帝的本质就说明了其存在,正如一个图形如果是三角形,那么这个图形的内角和一定是180°一样[Descartes 5, 63(Ⅰ, 181)]。

***

其他一些不常为人讨论的由笛卡儿在第四个沉思中提出的本体论论证引出的问题如下:为何笛卡儿要用两套论证体系来讨论上帝的存在,更何况《第一哲学沉思集》的篇幅如此之短,本该惜字如金的笛

从笛卡儿出发

卡儿却用了两个沉思、两套程序，着实令人捉摸不透；这也与笛卡儿将集合运用于哲学的品位相悖。一方面，为同一个结论提供两套论证的做法重复而累赘，不符合几何证明的简洁之美；另一方面，用两次论证得到同一个结论并不会因证明的次数多而巩固该结论，恰恰相反，两次重复的论证反而说明了两个论证中的任何一个都不够充分。此外，假如这两个论证中有一个能够充分证明上帝的存在，那么另一个必定是多余的。笛卡儿的本体论论证在学界受到的非议不亚于安塞尔姆的本体论论证，因为这两个本体论论证对上帝的定义都超越了一切有限实体的范畴，归给上帝诸多的正面特质，这些特质也是任何有限实体都不可能同时拥有的。笛卡儿本人原先表露自己的哲学追求是可信可靠、严谨简练的论证标准，他却对上帝的存在这个命题进行了两次论证，这一做法着实令人捉摸不透。

笛卡儿本人没有详细说明自己为什么要对上帝的存在进行两次论证，我们只能从他的作品中找到一些蛛丝马迹。笛卡儿在回应读者疑问的文章中表示，证明上帝的存在有且仅有两种方式：一是借由"来自上帝这个因的果"来论证上帝的存在，也就是第三个沉思中的因果论证；二是通过审视上帝的本质来论证上帝的存在，也就是第五个沉思的主要内容（Descartes, *Rely to Objections*, Haldane and Ross 1969, Vol. II, 22）。笛卡儿的回应暗示出，为上帝的存在提出两个论证只是为了能够将论证上帝存在的所有论证中最为出名的本体论论证纳入讨论范围，也就是说，或许是因为笛卡儿认为自己应该对本体论论证表一个态，否则肯定还会被其他学者追问，所以才提出了第五个沉思的论证。

第八章　第五个沉思：证明上帝存在的本体论论证

我的观点是，笛卡儿对上帝存在的两个论证分别对应了笛卡儿的两个假说——梦境假说和邪灵假说，而这两个假说分别对两类概念提出了质疑。梦境假说质疑人们通过经验得到的概念，邪灵假说质疑人们通过理性思考得到的概念。为了使《第一哲学沉思集》这本书成为一个独立封闭且前后统一的体系，笛卡儿就必须使用两套论证来证明上帝存在这一个命题，也就是用先验论证和后验论证分别对应经验概念和理性概念，如此一来，无论出于经验还是出于理性他都坚信上帝的存在。

假如我的猜测正确，那么笛卡儿的两套论证都是为了"揭示"一个事实，而非使用雄辩或缜密推理"证明"一个结论，正如思存论证之所以成立不在于该论证本身做得有多成功，而在于指出，人们不得不相信思维活动和怀疑必然显明了某种存在。我们在下一章将会看到，笛卡儿无法直接讨论拥有分布规律的物质是否存在，而是将物质的存在与上帝的良善联系在一起，他只有在证明了"上帝是良善的"之后，才能够证明物质的存在。因此，上帝的存在是唯一可以通过论证阐明的命题，无论是使用先验论证还是后验论证实质上都是等同的。

小结

理解第五个沉思中关于上帝的论证的关键一点是，要先理解概念化的运作机理。"概念化"的基本含义是一种辨识能力。如果一个人

从笛卡儿出发

通过概念化获得了"树"的概念,那么他就可以判断某物是否是树,并且无论是橡树还是樟树都归入"树"的范畴。此外,他还能够区别灌木不是树,即使灌木具有许多与树接近的特征。从更深的层面来理解,我们还可以说概念化是一个人通过描述辨识某物的能力,例如,一个人知道不问自取是为盗,即使他从未见过或实施过偷盗行为,依然具有分辨"偷盗"这一不义之举的能力。再举一个特殊的例子:人类还能够获得认知学的概念,这类概念的关注点不是某件事物是否存在,获得这类概念意味着是否能够排除一切感知信息的干扰而划分和归纳出人类对这个世界的认知潜力。

在概念化的运作原理中,我们不难发现,如果人要将某些具体的事物归于某个特定概念集合之下,就必须有一套针对该概念集合的定义标准。一旦有了这套标准,无论目标事物在过去、当下、将来是否存在,归纳的工作都可以进行。例如:我们可以说渡渡鸟属于鸟类,然而渡渡鸟已经灭绝;我们也可以说虫洞穿行是一种节约时间的宇宙交通方式,尽管目前凭借人类技术还不足以进行虫洞穿行。

安塞尔姆和笛卡儿在各自的本体论论证中都有一个共通的观点:人们对"完美上帝"的认识并非来自关于上帝的特性或者本质的知识,而是来源于对上帝的完美本质的理解,来源于对上帝极致地拥有每一种正面特质的认可,例如上帝的全知、全善。通过概念化认识的上帝是"最伟大的可感知实体"的代名词,在上帝以上再没有更伟大的实体。此外,为了整体把握上帝这个概念,我们不能将关注点集中于上帝的某个具体优点,而且上帝已经拥有这种与完美有关的特质,上

第八章 第五个沉思：证明上帝存在的本体论论证

帝不像无限数集的穷举过程，他不能再作任何增添。上帝是完美的终点、穷举与极限。

接下来，我还希望讨论一下休谟康德派与笛卡儿学说的冲突，那就是"存在"究竟是否是一种属性？如果我们获得了肯定的答案，"存在"是一种正面属性，而上帝拥有一切正面属性，那么上帝必须存在。我希望读者至此已经学会用精明的眼光观察各种哲学思想和论断，诸位应该已经发现了本小节以及本章的其他篇幅是以存在作为正面属性为前提写作的。

笛卡儿相信，人类可以直接区分上帝的所有属性的性质，也就是区分正面属性和负面属性。同时，笛卡儿理所当然地认为，"存在"相对于"不存在"而言一定是正面属性。至于"存在"与"不存在"之间是否是正面与负面的关系，本书将不展开讨论；但是，人类是否能够直接区分属性的性质，无论是对于笛卡儿的因果论证还是对于他的本体论论证都具有重要意义。阿奎纳斯认为，本体论论证太过关注与上帝的本质有关的知识，比如，在笛卡儿的本体论论证中，他罗列了一堆上帝的本质，其中最有名的是全知、全能、全善。但是，仔细琢磨笛卡儿罗列出来的一系列上帝的本质，我们不难发现，这些品质都是人类的价值观所赞扬的，由我们这些有限实体根据自己的标准将特征加给上帝，究竟能不能反映上帝这个无限实体的真实样式呢？这个命题涉及人类学知识，受限于本书篇幅，不便展开讨论。接下来，我们看看笛卡儿如何论证物质世界存在与否。

第六个沉思：世界的存在

第九章

从笛卡儿出发
Starting with Descartes

在第六个沉思中,笛卡儿的证明对象是物质世界,该论证与第二个沉思相呼应并最终得出了肯定的结论。笛卡儿之所以要等到第六个沉思才来证明物质世界的存在,原因是根据笛卡儿哲学的逻辑,物质存在与否与上帝存在与否息息相关,因此,他必须先证明上帝的存在,进而才能证明物质的存在。更确切地说,笛卡儿需要先证明上帝的全善与诚实才能得出物质存在的结论。为了证明物质的存在,笛卡儿要证明上帝不需要也不情愿欺骗人类,而且出于本性,他也不可能这么做。在本章中,我还会介绍,虽然笛卡儿没有明确表示,但我们可以知道,在证明物质的存在之前,笛卡儿必须排除一切来自梦境假说和邪灵假说的干扰。

根据笛卡儿的梦境假说,我们所观、所触的物体可能都只是梦境的一部分。为了区分什么是梦境,笛卡儿还提出了一个标准以鉴别某个感知概念是来自梦境还是来自现实:细节性、连贯性、针对性。笛卡儿关于梦境假说的讨论并不丰富,但相比之下,他关于邪灵假说的讨论更显不足,邪灵假说是在第三个沉思中才提出的。接下来,在本书对第六个沉思的分析中将会谈到邪灵假说的处理是一项棘手的工作,要

第九章 第六个沉思：世界的存在

解释为什么笛卡儿没有清楚地讲明邪灵假说对证明物质存在的影响牵涉神学层面甚至意识形态层面的认识。

***

第六个沉思中，用来证明物质存在的证据其实远不能称为"证据"。即使笛卡儿对物质存在的论证本身无懈可击，也不能成为证明物质存在的"证据"，而且该论证显然也不能同思存论证所阐释的"直觉"相提并论，因为人类对物质的感知方式是间接的，对心灵的感知方式却是直接的，由心灵的决定性属性——思维活动的产生而触发。

笛卡儿对心灵的定义使得人们直接认识物质变为不可能，洛克和休谟经验主义哲学的拥护者——主教乔治·贝克莱（George Berkeley，1685—1753）受到笛卡儿的深刻影响，走向了全面否定物质存在的极端。贝克莱认为，物质相对于概念而言是多余的存在，换句话说，这个世界不需要现实物质的存在，只需要有概念、心灵就可以了，而完美的上帝不可能创造出多余的东西。贝克莱的唯心主义世界观认为，世界上有且仅有如下实体：心灵（包括上帝的心灵）和呈现在心灵面前的概念。贝克莱本人用一句话总结自己的哲学思想为"存在即被感知"，意为存在的含义就是作为概念呈现在心灵中的（Matson 2000, 395—410）。

先不论贝克莱和他的唯心主义，我们现在面临的问题是，既然分

从笛卡儿出发
Starting with Descartes

布规律不能为心灵直接认识，那么无论笛卡儿如何论证物质存在，其论证都不可能是直接的论证。但是，我们很快将会了解到，在笛卡儿的理论框架下，要完成这一步，绕不开事先证明上帝的美善以及诚实的本质。在此之前，我们需要再来看看邪灵假说的机理：邪灵对人类的欺骗行为是故意的，不是邪灵为了达成某个目的而做出，而是邪灵诡诈本性的必然结果，诡诈性是邪灵邪恶本质的具体表现。现在，我们需要考虑的一个问题是邪灵的力量：邪灵可以给人类灌输虚假的理性真理，并且这种灌输是彻底的洗脑式灌输，以至于人类完全无法想象邪灵给人类灌输的那一套想法以外的可能性，比如5加5的例子中，如果5加5等于10是邪灵给人类灌输的错误理性真理，那么我们看到人类完全无法想象5加5如何能够不等于10。

既然邪灵的力量如此之强，我们难免会有疑惑：邪灵的力量和上帝的力量比较起来会如何呢？这里就产生了一个问题，如果说上帝允许邪灵拥有如此强大的欺骗力，凭借人类智慧完全无法跳出邪灵的圈套，那么上帝还是在某种程度上间接地欺骗了人类，或者说导致了人类受欺骗的结局。这样一来，上帝对邪灵欺骗活动的容忍与上帝的全善之间又产生了矛盾。而讽刺的是，在最后一个沉思中，笛卡儿对物质存在的论证又恰恰建立在上帝的全善以及绝对不可能欺骗人类的观点上。

为了解决上述问题，我们不得不在上帝的全能和全善之间寻找一个结合点。由于笛卡儿先前已经得出结论——全善的上帝不会欺骗人类，那么上帝的全能至少会受到其全善的特点在一定程度上的限制。

第九章 第六个沉思：世界的存在

这在本质上与上帝的公义和仁慈如何共存且相互作用的问题是一样的。笛卡儿相当重视对上帝各个特性以及特性之间相互作用的解释，在第四个沉思中，他花费了不少笔墨来排除上帝存在缺陷的可能性。这个问题请诸位读者自行思考，现在我们来了解笛卡儿对物质存在的论证。

***

在第六个沉思的开头，笛卡儿先强调了自己感觉到自己拥有反映了外界存在的具体物质的概念，他对此深信不疑。笛卡儿的这一强调相当谨慎并且没有跳出概念的范畴，因为他没有说自己通过感官认识到了外界的具体物质，而是说自己拥有反映了外界物质的概念。笛卡儿认为，自己的意识是由概念组成的，问题是，组成意识的概念与概念之间是否存在区别，有没有真实地反映了物质世界的概念。

笛卡儿的观点是，概念与概念之间存在可辨识的区别。有的概念是虚构的，不能代表真实的外界事物，如"独角兽"的概念；有一些则来源于外界真实的事物，如"手"的概念。后一种概念具有真实可信的位于外在世界的源头，后一种概念的真实性很难被怀疑，正因如此，笛卡儿不得不提出梦境假说，从而将后一种概念也纳入方法论怀疑的怀疑范围。笛卡儿利用梦境假说来解释反映了外界事物的概念为何可能不是对外界的真实反映。

在此，我们可以理出笛卡儿哲学的逻辑。首先，后一种概念可能

从笛卡儿出发
Starting with Descartes

出错似乎只可能是因为上帝在欺骗人类,但是在第三个沉思和第五个沉思中,笛卡儿又已证实了上帝是完美的上帝,因此不会欺骗人类。根据这一逻辑,笛卡儿坚信,后一种概念包括物质世界的存在必然是真的。

这个逻辑建立在对两个矛盾冲突的解决之上。较为明显的一个矛盾是,既然上帝是完美的,而欺骗的行为是错误的,那么在关于具有分布规律的物质存在这件事情上,上帝没有欺骗笛卡儿;较不明显的一个矛盾是,笛卡儿相信自己的许多概念都是对其相应外因的反映。而笛卡儿之所以会如此相信,是因为上帝在创造笛卡儿时也赋予他认识世界的能力。如果说笛卡儿运用这一能力却错误地认识到了不存在的物质,那么上帝就是在欺骗笛卡儿,因此物质是必然存在的。换句话说,笛卡儿将上帝不撒谎的特性作为基础从而确定人类感知概念是真实事物的反映,因为,如果上帝在创造人类的同时允许人类坚信自己的一切感官所接受的信息,也就是自己的所见、所闻、所尝、所触都来自外界的物质,那么人类心灵之外一定存在着其他物质。

然而,这样的论证又与第四个沉思的内容产生了冲突,或者说与第四个沉思的内容之间缺乏统一连贯性。因为在第四个沉思中,笛卡儿告诉我们,人类的错误不是上帝的作为,而是出于人类自己的鲁莽裁断,出于有限智慧与无限自由之意志之间的不平衡。笛卡儿言外之意就是要求人们严格地审查自己的每一个信念,无论自己对某件事是多么的深信不疑,我们都有义务在以公正的眼光审视、推敲、怀疑之后再下论断。那么,笛卡儿在此处为何又凭借一个"深信"自己拥有反

第九章 第六个沉思：世界的存在

映了物质的概念而证明了物质的存在呢？

                ***

  笛卡儿对物质存在的证明有着严重的哲学层面和神学层面的问题，因为与证明自身存在不同，人类对外界事物的认识是间接性的，所以对外界物质的证明也必然是间接的。无论笛卡儿如何证明外界事物的存在，最终结论的确定性都比不上"思存"论证的结论的确定性，换个角度来看，笛卡儿确信外界事物的存在永远不能达到他衡量真理的标准。而人类对外界事物无法获得直接认识这一点严重地阻碍了笛卡儿之后的哲学家做学问的进程，也阻碍了认识论的发展。引用福柯的话来说就是，因为笛卡儿哲学告诉我们，人类不能直接认识外界事物，所以休谟哲学可能成立，一旦休谟哲学成立，那么人类认识世界就成了不可能（Foucault 1973, 60）。

  笛卡儿哲学中的理论断层，不仅包括前文所讨论的理论矛盾，还有笛卡儿在第三个沉思中为了引出方法论怀疑而提出邪灵假说之后，图省事，再没有考虑邪灵假说的影响。邪灵假说是一个孤立而突兀的假说，如果真的要将这个假说与笛卡儿的整体哲学结合起来，我们很难不产生一种感觉：邪灵假说的真正含义其实是上帝在欺骗我们，否则我们很难理解笛卡儿口中的这个"邪灵"——这个操纵着人类的理性和逻辑，以欺骗人类为存在目的，具有强大能力的实体是怎么一回事。当然，笛卡儿本人肯定不希望人们得出上帝欺骗人类的结论，否则

从笛卡儿出发
Starting with Descartes

不仅本书的一切理论不攻自破，笛卡儿本人也会遭到同时代思想家的口诛笔伐。因此，我们可以将笛卡儿的邪灵假说理解为笛卡儿为了推进哲学论证而虚构的战略性理论。

另一种可能性是，笛卡儿口中的这个"邪灵"就是魔鬼撒旦，上帝容忍撒旦通过人类的感官欺骗人类，正如上帝容忍撒旦引诱人类犯罪。如果这种说法成立，笛卡儿哲学的整体逻辑会变得通顺，但同时又导致另一个问题，那就是第六个沉思的局部逻辑不能成立：第六个沉思中，笛卡儿证明物质存在的依据是，上帝的本质使其保护人类在人类所"坚信"的事物上不受欺骗。

我们给上述问题做一个小结：邪灵假说如果要成立，那就只有两种可能：要么上帝欺骗了笛卡儿，因此笛卡儿在第三个沉思中为了证明上帝的完美本质故意不讨论邪灵假说；要么邪灵就是魔鬼撒旦，上帝为了某些神圣的目的允许撒旦在地上活动。但这两个可能性都有各自的问题，第一个猜测是在亵渎神，第二个猜测的问题在于，如果邪灵是行诡诈者撒旦，那么在物质存在的问题上人类依然有受欺骗的风险，第六个沉思的推测依然无法成立。

根据笛卡儿对心灵和概念的定义，人类对外界事物产生认知的过程是心灵认知概念——概念反映外界事物的过程，那么我们在确定外界事物的真实性之前就必须先确定自己的概念的真实性。

***

第九章　第六个沉思：世界的存在

由于人类的认知必须经由心灵对概念的认知这一步，所以，除了人类对自身存在的认知，以及人类对上帝的认知，人类对一切其他事物的认知都是间接完成的。人类对自身存在的认知也就是人类对自己心灵的认知，所以是直接的认知；人类能够肯定上帝的存在，是因为关于"完美上帝"的概念的源头必然是那个完美的上帝，而且上帝的完美本质就包含了"存在"这一特性。而人类对外界事物的认知永远是间接的，因为人类必须通过认识概念来间接认识对应的物质。

笛卡儿哲学对实体的分类和定义对于后世的笛卡儿派哲学的发展产生了一个影响极其深远的问题：不同的实体之间的互动问题。我们是思维性实体，而思维性实体的决定性属性是思维活动；作为思维性实体，我们无法直接认识到以分布规律为决定性属性的物质实体。用现代的话来说，心灵是不占空间的，而物质是占据空间的。人类作为心灵实体拥有概念，概念可以反映物质实体，而概念自然是非物质、属心灵的事物，因此，人类心灵与物质实体之间没有能发生直接的相互作用的方式。为了能够确定物质的存在，人类必须依仗与物质相关的概念。而笛卡儿的观点是，既然人类对物质的存在达到了"坚信"的程度，那么除非上帝在欺骗人类，否则物质不可能不存在，而上帝又是全善且不行欺骗的，所以，正如我们所坚信的那样，物质实体是存在的。

从笛卡儿出发
Starting with Descartes

小结

结束了第六个沉思,我们可以看到笛卡儿在《第一哲学沉思集》中一整套哲学论证的清晰脉络以及笛卡儿做出如此安排的原因。在第一个沉思中,笛卡儿将全面怀疑作为自己哲学的方法论,并在第二个沉思中证明了自己的存在。第二个沉思的问题在于,笛卡儿得出自己存在的结论后继而得出了自己的存在形式是"思考的东西",是心灵实体。根据思存论证,除了人类自身这一心灵实体外,如果有存在着的实体,那么这些实体的存在形式必定与心灵实体大不相同。例如,上帝是至圣实体,物质是以分布规律为决定属性的实体,这些实体都与心灵实体存在着本质上的差异。笛卡儿通过理性和经验或者仅凭经验论证至圣实体——上帝的存在,而分布实体——物质的论证又是另一回事。

物质的存在不能够凭借理性推理或者经验,因为人类必须通过认识概念间接认识物质,用笛卡儿自己的话来说,即人类判断物质存在的真实性的唯一凭证就是相关概念的真实性。笛卡儿解决这个问题的方式是通过强调人类对物质存在的"坚信",强调人类对物质存在的认识具有彻底性与系统性,以及人类感知系统具有严丝合缝的整体协调性。笛卡儿希望表达的意思是,既然人类对物质的存在如此深信不疑,那么如果说物质实际上不存在,就只能说明上帝在欺骗人类。但在

第九章 第六个沉思:世界的存在

前文中,笛卡儿已二度证明上帝的完美、全善,证明上帝不可能欺骗人类,因此第六个沉思的重点就是强调上帝没有在物质的存在这件事情上欺骗人类,正如人类所坚信的那样,物质是存在的。但由此,作为读者的我们不禁要提出质疑,物质的存在如果以上帝的存在和上帝的全善本质为基础,那么一旦上帝的存在和上帝的全善这两个前提出现了问题,笛卡儿对物质存在的整套论证便危如累卵。

总结

第十章

本书的总结分为三部分。第一部分中，我将会接续第九章对《第一哲学沉思集》中笛卡儿所使用的各种前提的讨论并进行补充和完善；第二部分中，我将会对比笛卡儿思想与当代哲学思想的要点和异同；第三部分中，我将会介绍笛卡儿的生平，并联系其生活经历来梳理笛卡儿哲学产生的背景和原因。首先，我们接上一章结尾的内容继续回顾六个沉思。

回顾六个沉思

结束了六个沉思之后，我们可以发现，方法论怀疑并没有为哲学界带来实质性的思想变革，原因是方法论怀疑是一种检验思想真理性的工具，却不能辅助思想创新的实现，六个沉思唯一能拿得上台面的结论就是证实了自己的存在的真实性。但在笛卡儿本人看来，他的《第一哲学沉思集》取得了以下成就：证实了自身的存在；证实了上

第十章 总结

帝的存在；证实了世界的存在；得出以上结论的过程中，笛卡儿不用担心自己是否在做梦或是被邪灵欺骗。随着上帝的存在以及自身的存在得到证实，笛卡儿明白了人类的感知以及逻辑推理出现错误的原因在于人类自身而不在于上帝。

最令笛卡儿感到满意的不在于这六个沉思得出的具体结论，如对自身存在和上帝存在的证实，而在于将这些具体结论置于人类知识结构的奠基地位而对后世哲学、认知学发展起到的重要推动作用，以及在此过程中发展出的一整套方法论和哲学研究原则。

然而，事实或许并非笛卡儿所认为的那样美好。笛卡儿真正取得的成就是将人类（以思维为决定性属性的心灵实体）与物质（以分布规律为决定性属性的物质实体）区分开来。根据笛卡儿的定义，心灵实体无法与物质实体产生互动，因而心灵实体无法认识物质实体。既然人类无法认识世界，那么我们对世界的一切认识和坚信是否属实只能依仗上帝的全善天性。此外，笛卡儿对物质世界的崭新定义还导致了其他问题：笛卡儿的《第一哲学沉思集》非但没有依照他本人的设想，为哲学界提供一套哲学研究方法或为发展人类知识库提供真理的基石，反而给后人出了一道新的难题：选择什么样的哲学立场来研究哲学，例如，彻底撕裂心灵与物质的二元论和无限放大心灵而忽略物质的唯心主义。

最终，笛卡儿成功证明的只有自己的存在；由于因果论证和本体论论证都不够强势，就因果论证而言，该论证所使用的"关于完美上帝的概念"还存在很大的问题，而本体论论证的问题在于，它将"存在"视为一种属性，所以，在非信徒看来，上帝是否存在还需要继续讨论。再论第四个沉思中对人类错误的解释。笛卡儿将人类的错误归因于人类智慧无法满足人类意志导致的"草率判断",但他的说法太过片面,并非所有人类错误都可以简单地用"判断过于草率"来总结。最后,笛卡儿证明物质存在的依据不够充分。根据笛卡儿的定义,人类对物质只有间接的认识,为了证明物质的存在,笛卡儿依仗上帝的存在和上帝的良善。

虽然笛卡儿本人的雄心壮志是利用《第一哲学沉思集》大大地推进哲学和认知学发展,但最终我们看到《第一哲学沉思集》仅仅证明了一件事:当思维活动发生时,思维存在。梦境假说和邪灵假说在提出之后也没有得到充分的讨论,因此直到最后,笛卡儿也没能指明一条摆脱梦境和邪灵搅扰的途径。虽然笛卡儿哲学中的上帝是全善的,也是无意欺骗人类的,但为了试炼人类的信心、品质和道德而容许撒旦欺骗人类。笛卡儿本人并没有指明邪灵假说中的邪灵是撒旦,甚至为了避免暗示邪灵就是撒旦,他将整个论述重点都放在上帝的良善无欺之上,借此回避善恶为何能够共存的问题,也借此将所讨论的人类错误局限于一切认知与判断方面的错误。即使我们接受笛卡儿的结论,认定人类的一切认知与判断错误都是出于人类自身原因,也无法解释为何人类会遭遇疾病、器械性伤害等其他问题。

***

读到这里,读者朋友们或许会惊讶于本书对哲学巨作《第一哲学

第十章 总结

沉思集》的评价之负面,难道《第一哲学沉思集》名不副实,不配拥有哲学史上里程碑的地位?当然不是。实际上,有些哲学作品之所以重要,不是因为它们有多正确,恰恰相反,它们对哲学界的意义来源于其错误引起了学界创新的思潮,起到了激浊扬清的作用。所以,在认识论以及形而上学领域中,只要没有更伟大的著作能够取代《第一哲学沉思集》的地位,《第一哲学沉思集》就依然是新老学者绕不开的一本书。但是,正因为《第一哲学沉思集》的地位,该书中的问题和漏洞误导了许多读者,许多读者由于缺乏自己的独立思考而盲目地接受了书中设立的前提和目标,被书中不严谨的论证引入错误的轨道。

《第一哲学沉思集》中有不少严重的瑕疵,这些瑕疵存在于笛卡儿对心灵和身体的定义、将真理看作绝对的、对完美的定义、不假思索地接受"无中不生有"原则并将其运用于自己的论证、将存在看作一种属性等。然而,笛卡儿留下这些漏洞从而取得的两个成果却与他撰写《第一哲学沉思集》的初衷毫无关系。首先,《第一哲学沉思集》使历史上所有关于心灵与身体、知识和上帝的哲学解释变得清晰;其次,本书影响了认识论在该书出版之后300多年间的发展,使得认识论取代了毫无建树的形而上学思辨。如此一来,《第一哲学沉思集》成为哲学史上的传奇,因为笛卡儿经由该书将怀疑论引入哲学研究领域,但由此产生的负面效果是该传奇敲定的两个哲学基本概念——真理的绝对性与心灵的实体性,深刻地影响或者说限制了后世哲学,如康德哲学和英国经验主义哲学流派的发展。该书敲定的这两个哲学基本概念其实并非笛卡儿原创,在柏拉图时期就已经存在,但是,笛卡儿作为"近代哲学之父"使得这两个哲学基本概念成为哲学主流的一部分。

然而,真理的绝对性和心灵的实体性这两个基本概念太过主流反而不利于读者研读《第一哲学沉思集》。这两个概念极其普遍,几乎令人无处躲藏。思考一下,一个人的一生会有多少机会读到有关真理的客观绝对性以及心灵具有实体性的文献,这两个概念已经渗入当代学界的方方面面,只要是接受过高等教育的人基本上都接触过它们。因此,在《第一哲学沉思集》的当代读者眼中,这两个概念实在太过熟悉,他们很难将其看作"新兴思想"来进行学习和研究。读者似乎对书中的思想有种似曾相识的感觉,并且误以为笛卡儿只是在介绍真理和心灵的某种特征,而非引进两个全新的概念,结果就是,许多读者疏于辨证,轻易地接受了笛卡儿的观点。不仅是许多人在没有独立思考的情况下接受了笛卡儿哲学,甚至有不少人在正确分辨笛卡儿哲学的观点是什么之前就囫囵地接受了。总之,大部分初读《第一哲学沉思集》的读者都没有正确地进行批评阅读。

***

至于真理的客观性,以学术角度阅读本书以及《第一哲学沉思集》的读者朋友们或许会感到惊讶,为何我会说大多数当代哲学学者认同真理的客观性。的确,在哲学界,尤其是在社会科学领域,相对主义或是第一章中我描述的历史决定真理论似乎更受欢迎,但这种印象

第十章 总结

其实是一种错觉。首先,许多学术界人士并不认为真理是相对的,反而坚信真理的绝对性,我可以举出许多科学家作例证。其次,有些人认为,相对真理论比绝对真理论更加严谨,事实远非如此,虽然许多当代哲学学者持有真理相对观,却也未对真理的相对性做过考究的分析,只是人云亦云罢了。

有些人则是既支持当下的相对论又接受传统的真理客观主义,他们认为,绝对真理是真理的极致状态,是理想化的终极真理,而常见的、普通的真理则是相对的且受限于历史。这种观点的一个例子就是,人们通常认为物理科学领域存在绝对的"硬性真理",而人文社科领域则只存在相对的"软性真理"。这种观点的根源很大程度上在于我们有完整且成体系的明确的标准来衡量物理科学领域的知识,但对于人文社科领域的知识则缺乏一定的判断标准。有时候这种对知识进行分门别类的做法被形容为实用派、实用主义,但是,实用主义作为一种哲学立场却鲜有人对其进行探索和考量。

笛卡儿提出的有关心灵实体性的观念对后世的影响丝毫不亚于真理客观性的影响。大多数当代哲学学者或多或少都相信,人类意识是复杂的神经元活动的产物。然而,所谓的"心灵"却不仅仅是意识,心灵具有存储信息、管理性情、掌管语言等作用,并且心灵还处理相当一部分无意识活动,管理情绪以及其他许多人类尚未了解甚至无法理解的内容。人类科学无论怎样发展也无法解释单凭神经系统如何能够完成如此复杂的人类意识活动,更无法解释人类获得经验的机理。我们作为有意识的实体,之所以能够认识且经历自己的意识,不可能仅仅是因为我们有一套神经系统。

无论我们如何研究和发展神经科学,我们所理解以及经历的关于自身以及自我意识的知识都在某种程度上契合笛卡儿对人类心灵存在形式的断言：思考的东西。结果,大部分情况下,人们并不认为心灵是大脑和中枢神经系统的活动产物,而是一种实体。

但具有讽刺意味的是,笛卡儿派哲学发展至今,心灵和思维已经越来越多地被人当作具有分布规律的物质实体的"属性",而不是被单独列为不具有分布规律、以思维作为决定性属性的实体。但这种演变实质上没有改变什么,大多数人依然更倾向于接受笛卡儿在《第一哲学沉思集》中定义的心灵,尽管这些人在接受前并没有批评地对其进行研习。

***

笛卡儿的《第一哲学沉思集》令人恼火,却也能够给人启发。一方面,《第一哲学沉思集》中充满了失败的论证;另一方面,该书中的沉思成为指导抽象逻辑思维活动的教科书。《第一哲学沉思集》在带给哲学界创新的同时也引入了新的桎梏。一方面,该书中关于真理与心灵的观点首次清晰地勾勒出真理与心灵的样式；另一方面,笛卡儿的定义深远地影响了其后300多年的哲学发展。《第一哲学沉思集》有落后、退步的部分,也包含了进取和激励,该书的落后一面在于其观点退回到了柏拉图时期,但该书的问世也激起了学界对真理和心灵更

第十章 总结

深层次的讨论。

《第一哲学沉思集》对哲学的影响之大与该书的篇幅着实不成正比，虽然笛卡儿本人并没有指望靠这本小册子在哲学界激起千层浪，但事实证明，《第一哲学沉思集》在哲学界具有举足轻重的地位。整体而言，笛卡儿哲学对哲学界影响最大的领域是在认知学领域，是笛卡儿决定了后世数以千计的哲学家关于世界上的知识以及关于真理的哲学认知。但是，到了当代，情况有了变化，正如我在第一章中指出的，许多当代哲学家拒绝接受笛卡儿的绝对真理观，现在的哲学家往往认为，真理具有相对性、由历史决定并且更接近普罗塔哥拉派，尤其是尼采哲学中的相关定义（Krausz 1989）。

要充分解决真理的性质问题，我们需要相当多的研究和讨论，受限于篇幅，我只能为诸位提供一些参考资料以帮助大家自行思考结论。我强烈建议诸位读者阅读巴里·艾伦（Barry Allen）撰写的《哲学中的真理》（*Truth in Philosophy*）、西门·布莱克本（Simon Blackburn）的《真理引路》（*Truth: A Guide*），以及伯纳德·威廉姆斯（Bernard Willians）的《真理与真理性》（*Truth and Truthfulness*，Allen 1993, Blackburn 2005, Willians 2002）。虽然这三本书有着不同的问题和立场，但都是适合初学者学习的入门级材料，诸位通过反复阅读一定会有收获。在这三本书中，我建议诸位以布莱克本—威廉姆斯—艾伦的阅读顺序进行阅读，纵深最为丰富的是艾伦的《哲学中的真理》，但它的阅读难度也最大。

笛卡儿派哲学与当代哲学的比较

本书没有介绍笛卡儿取得的所有成就,但有一件事是笛卡儿没能做到的,那就是在证明物质的论证中没有讨论梦境假说是否会对论证产生任何影响,以及该论证的结论如何在梦境和邪灵的干扰下存活。结果,笛卡儿派的怀疑主义停留在认识论层面,这种认识论层面的怀疑主义要求人们通过概念来证明概念的来源,而这确实是不可能完成的任务,因为人类认识物质的唯一途径就是相应的概念。这一点最终导致了当代哲学立场的一种分歧,下面我将会对此进行重点介绍。了解这一分歧能够帮助诸位理解笛卡儿哲学与当代哲学之间的联系。

该分歧的一方认为应该解决认识论怀疑主义,另一方则认为应该忽略认识论怀疑主义,更确切地说,这个分歧就是:有哲学家认为,虽然笛卡儿没能完整地运用自己提出的方法论怀疑,但是方法论怀疑值得后人继续发展与完善;而另一些哲学家则认为,笛卡儿提出方法论怀疑前没有经过透彻的思考,方法论怀疑这种哲学探究方式存在问题,应该被舍弃。本书第三章中曾援引的一位哲学家戴维森认为,我们应该解决并去除怀疑人类是否能够认识世界的怀疑主义,并证明人类可以认识世界;而本书第二章中出现的另一位哲学家罗蒂则相信,笛卡儿派哲学的认识论彻头彻尾地错了,根本不值得人们深入探究。

第十章 总结

罗蒂等人揪住笛卡儿自己的话来攻击笛卡儿派哲学,直到罗蒂2007年去世前,他都是北美知名的后现代主义哲学家,他将笛卡儿哲学批为"死胡同"哲学,并认为笛卡儿完全就是在对心灵及其内容的错误理解上发展出了自己的哲学,却将后世的诸位学者耍得团团转。罗蒂认为,笛卡儿对心灵的误解是一种现象论,如果人们能够认清笛卡儿式怀疑主义的本质以及相应的认知学观点产生于错误地理解了人类对世界的认知机理,那么人们自然就会明白,无论是笛卡儿式怀疑主义还是笛卡儿哲学中的认知学理论都是不值一提的糟糠。

罗蒂认为,笛卡儿派思想的关键就是将作为具有意识的个体的人类和作为无意识的机械物质世界割裂且分为两类,那么人类若要对与自己完全不同的另一类实体——物质产生认识就只能通过概念对物质的描述。也就是说,根据笛卡儿的定义,作为完全心灵性实体的人类能够直接认识的只有自身心灵的内容物,而通过认识外界事物在心灵中的投射来认清相应的事物是不可能完成的任务。正因为如此,笛卡儿不得不借助上帝的美善和诚实的本质来证明物质的存在。

请诸位读者注意,罗蒂对笛卡儿认知学的批评并不是仅仅针对笛卡儿哲学的认知学部分,他对笛卡儿认知学的否定深入其源头。罗蒂提出,笛卡儿哲学在认知学上的错误是源于笛卡儿对哲学关键概念的误读。简言之,罗蒂彻底拒绝笛卡儿的整个哲学框架,也不愿意使用笛卡儿确立的哲学规则来进行哲学探索。

既然笛卡儿哲学对物质存在的证明是失败的,我们现在面临的问题就不仅仅是物质是否存在,而是人类心灵反映物质世界的那部分是

从笛卡儿出发
Starting with Descartes

否有能力如实地反映现实世界,抑或是人类心灵对世界的反映其实是人类自己的想象或者心灵活动的产物。如果人类心灵能够如实地反映世界,那么,即使没有上帝的全善作保障,人们也可以证明物质世界的存在。但问题的关键是,人类心灵的概念或想象是否真的在现实世界中有一个对应的源头?笛卡儿本人相信,心灵中的概念有一个现实世界的源头,但事实果真如此吗?若是真的有,心灵中的概念对其源头的反映又有多写实呢?这些问题得不到解决,罗蒂一派哲学家对笛卡儿派哲学的批评就不会停止。

罗蒂借用了镜面反射来比喻笛卡儿派哲学的观点,他认为,笛卡儿派哲学认知学就是将心灵看作"自然世界的镜子"(Rorty 1979),具有意识的心灵反映世界的途径是借由在心灵中产生一个思维性的镜像。罗蒂对此提出了质疑,他认为,我们有必要搞清楚笛卡儿的观点是否准确。

洛克则进一步发展了笛卡儿哲学认知学,并讨论了心灵镜像与外界源头直接的契合度,并指出心灵反映物体特质的过程中存在的问题,如颜色这一特性或许原本是由心灵产生并糅杂于与物体有关的概念中的,而不是该物体本身就具有的属性。由此,洛克提出了"初级特质"和"次级特质"的概念,他将所有物质自身携带的属性称为"初级特质",将原本该物体不具备而源于人类经验的物体属性称为"次级特质"。贝克莱将对物体属性的讨论向着唯心主义的方向进一步推进,提出一切属性都是心灵的产物。而休谟哲学的结论更加绝对,他将一切事物都认定为印象和概念,提出人类不可能认识世界的观点,印

第十章 总结

象和概念可能有明晰与不明晰的区别,但与认识世界无关。休谟的说法基本上终结了人类认知学。镜像概念理论到了康德手里则变成了人类对世界的认知范式。康德认为,无论这个世界的真实样式如何,人类对世界的认识只能通过特定的几种认知范式,并运用这几种范式将世界对人类的影响,也就是世界在人类心灵中的镜像整理为前后连贯、可理解的经历。在康德哲学中,虽然人类无法认识原本的世界,人类却有办法解读世界对自身的影响。在一些读者眼中,康德哲学可能显得艰深晦涩,简要地说,康德将最基本的属性(如物质的时效性、立体分布、因果关联等)理解为人类对世界的解读,也就是说,就连时间、空间以及因果联系在康德看来也不过是人类解读世界的范式,并非世界的真实属性,而世界的真实样式则是人类完全无法理解的。

康德哲学继承了笛卡儿哲学的衣钵。虽然康德更强调人类作为认知主体的主动性,但康德哲学并没有完成其本质上的突破,我们对于外界还是一无所知。康德哲学的发展甚至给笛卡儿哲学认知学增加了新的麻烦。不同的认知主体对于世界的解读可能是不同的,而且这些具体的差异是什么,我们也无从得知,有一千个认知主体,就可能有一千套世界观。总结一下笛卡儿派哲学认知学的发展,虽然参与讨论与研究的人越来越多,这个学科却越来越混乱,离统一的结论渐行渐远。

***

总而言之,罗蒂批评笛卡儿对心灵认识世界的机理的解释,主要

从笛卡儿出发
Starting with Descartes

是因为该理论将人类与世界彻底割裂。我们人类是不分布于空间中的意识个体,世界对于人类来说是言不可及的东西,人类对世界的一切认识都是二手资料。

罗蒂认为,无论是笛卡儿哲学的整体理论还是认知学领域的部分理论,都存在着一个关键问题,那就是在我们将心灵与世界彻底割裂开来之后,心灵对世界的解读变成了"自说自话",我们在"笛卡儿哲学框架下,心灵要么认识到了世界,要么没能认识世界,我们应该先解决人类心灵对世界的反映问题,而不是急着去描述世界"(Rorty 1982, 15)。也就是说,我们要发展哲学,先要摆脱梦境假说,证明人类可以通过检测自己的概念来认识世界,在此之前,任何对世界的描述都是空谈。罗蒂认为,一旦我们接受了笛卡儿哲学的认知学框架,一旦我们接受了拥有意识就等于拥有反映外界现实的概念,那么我们就面临着一个巨大的窘境,我们必须证明这些镜像的正确性。然而,我们不可能证明这些镜像的正确性,笛卡儿哲学的前提就限制了其结论的产生:既然我们的意识对世界只能产生间接的认识,那么我们就无法通过认识镜像真正认识现实世界。

诸位读者朋友心里可能冒出了两个疑问。既然笛卡儿的观点如此荒诞,他为什么会对哲学界产生这么大的影响力?既然笛卡儿的哲学如此荒诞,我们为什么还要学习它?但真正热爱哲学的人是不会因这两个疑问而止步的。如果你想要透彻地学习哲学,了解哲学史是非常有用且重要的一步,明古可鉴今,当你明白了哲学家可能会犯怎样荒诞的错误,你自己研究哲学的时候就会拥有一双更犀利的眼睛。这就

第十章 总结

是我对第二个问题的回答。

至于为何笛卡儿可以用他荒谬的哲学影响后世哲学如此之深,我的回答可能做不到尽善尽美。笛卡儿哲学的前提和假设来自哲学界主流传统,无论是哪个时代的人或多或少都持有类似的观点。诸位通过本书前文已经了解了《第一哲学沉思集》的前提和假设在很大程度上受古希腊学者的影响,如"无中不生有"原则、亚里士多德对实体的解释等。我也在前文提醒过诸位,《第一哲学沉思集》之所以看起来如此简单易懂,很可能是因为读者自己潜意识中就有着与该书相同的哲学认知和假设。没有人能够在真空中研究哲学,一个人的哲学思想也不可能是在真空中学习和吸收的。笛卡儿所受的影响来自他的时代和环境,甚至与他的成长和生活经历有关。

***

在本章的最后,我想要记录几点自己在追求真理的荆棘路上的感悟。笛卡儿割裂心灵和物质,其背后暗示了客观真理的存在。这是因为,如果真理不是客观的,而人类知识又建立在非客观真理之上,那么人与人之间的知识差异以及世界观之间的差异将会非常大。根据笛卡儿学派的解释,知识之所以是知识,只能是因为有一个独立的产生知识的源头以保证知识的可靠性,否则,人类知识就会变成个人的信仰和理解。知识产生于客观真理,我们的概念与其源头之间的联系不能受个人左右,必须有一套标准来帮助我们衡量知识。如果一个人相信

从笛卡儿出发
Starting with Descartes

这个世界是什么样就是什么样,人类知识界就乱套了。笛卡儿眼中的真理是不受历史左右,是绝对客观的,在一定程度上也是因为笛卡儿定义的心灵和世界决定了他必须将真理定义为客观且不受历史左右的事物。即使笛卡儿考虑过真理非客观的可能性,为了使自己的哲学理论前后不冲突,他也只能选择客观真理这一认识论立场。

《第一哲学沉思集》给哲学研究带来了更多的不确定因素。这本书面世之前,我们在哲学研究这条路上就已经困难重重,笛卡儿对哲学界秩序的破坏更多地体现在他的哲学引发了诸学者在认识论立场上的混战。虽然古希腊学者早已提出不可知论,但是笛卡儿哲学使不可知论成为人尽皆知、影响深远的理论。认识笛卡儿,必须从认识《第一哲学沉思集》开始,而认识笛卡儿也是认识哲学的第一步。

笛卡儿生平速写

本书将会以对笛卡儿生平的回顾来收尾。接下来,我将会带领大家走进这位重要哲学家的短暂人生。

笛卡儿于1596年3月31日出生于法国图尔旁的海乐村,他早年在兰法莱雪城生活,就读于一所由耶稣会神父创办的皇家公学。笛卡儿在兰法莱雪城的具体生活年数不详,他的入学年份可能是1604年或1606年,在兰法莱雪城生活了八或是九年,随后于1614年离开。在该

第十章 总结

地生活学习期间,笛卡儿受到了耶稣会的教导。1616年笛卡儿于波埃颠大学取得学士学位并考取了律师资格。笛卡儿可谓是少年有为,他的学术积累为其后的哲学生涯打下了良好的基础。

毕业之后,笛卡儿的选择出乎众人意料,他先是于1618年前往荷兰,两年后加入了军队"拿骚的莫里斯"。这一年,笛卡儿开始了哲学追求,展现出了哲学天赋。同年,他创作了《音乐提要》(*Compendium Musicae*),但未曾出版。

次年,笛卡儿前往德国,并对数学产生了兴趣。如果笛卡儿就此在数学领域发展或许会开辟一片新天地,但他很快回到了法国,并开始研究心灵、概念等。1620年笛卡儿撰写了《世界的奥秘》(*Cogitationes Privatae*),本书同样未曾出版。

1628年笛卡儿创作了《指导心灵的规则》(*Rules for the Direction of the Mind*)。该书称得上是笛卡儿哲学的奠基之作,讨论了笛卡儿哲学的基本概念,是笛卡儿其后12年间哲学发展的提纲之作。同年,笛卡儿回到荷兰并居住了21年,荷兰的思想界比法国更自由开放,宽松的环境对笛卡儿的哲学发展不无助益。1629年,笛卡儿开始创作《世界》(*The World*),若是笛卡儿置身于法国的学术环境,他不可能完成这本书。在此期间,笛卡儿还完成了《论人》(*Treatise on Man*)。但在1633年,笛卡儿决定将两本书雪藏,因为当时的教会权威极力打压伽利略的日心说,而两部著作中的许多结论与伽利略的观点一致。笛卡儿的这两本书没有公开出版,但是也有不少读者,毕竟当时的学术氛围是自由开放的,思想家之间交流观点、互相借阅著作是常见的

从笛卡儿出发
Starting with Descartes

事。1635年,笛卡儿迎来了唯一的私生女儿。但遗憾的是,在五年之后的1640年,笛卡儿的女儿不幸夭折,同年,笛卡儿的父亲也相继去世。没有文字材料说明笛卡儿是否受到丧女丧父的打击,以及这两件白事对笛卡儿哲学的影响。对于笛卡儿来说,1637年是高产的一年,《谈谈方法》、《屈光学》(*Dioptrics*)、《几何学》(*Geometry*)、《气象学》(*Meteorology*)都在当年出版,这些是笛卡儿首批问世的著作。

《第一哲学沉思集》在1641年出版,本书的销量与点评量远超笛卡儿的其他著作。同年,笛卡儿出版了六部针对《第一哲学沉思集》的答读者问。1642年,《第一哲学沉思集》再版,并且伴随着七部针对该书的答读者问,《给堤内的信》(*Letter to Dinet*)也在同年出版。

1643年,笛卡儿最担心的事情还是发生了:与当年伽利略的遭遇相似,当时被公认为意识形态与宗教权威的正统机构乌得勒支大学公开谴责笛卡儿的思想,因为笛卡儿的机械宇宙观近似于无神论。为了逃避权威的谴责,笛卡儿当年不敢公开出版《世界》,但是这一谴责依旧降临到了笛卡儿的头上。

接下来的情节或许会满足一些八卦读者的胃口。1643年开始,笛卡儿与波西米亚的伊丽莎白公主开始书信往来,伊丽莎白公主为笛卡儿的思想所折服,笛卡儿也受到伊丽莎白公主的鼓舞。解读二人鱼雁传书,我们能够发现许多笛卡儿在其他著作中未曾言明的前提和预设,因此,这些书信的部分内容可以解答不理解心灵—物体二元论的读者的困惑(Kenny 1970)。

1644年,笛卡儿回到法国,同年出版了《哲学原理》。

第十章 总结

由于笛卡儿在学界的名气以及哲学上的成就,尤其是由《第一哲学沉思集》带来的影响力,1647年法国国王路易十四世为笛卡儿提供了一份津贴。虽然笛卡儿并不需要这份津贴度日,但这份来自皇室的津贴是一种荣耀的证明。

1649年笛卡儿出版了《心灵的激情》(*The Passions of the Soul*),同年,另一重要事件是,笛卡儿接受克莉丝汀娜女王的邀请前往瑞典。女王对哲学极其感兴趣,每天黎明前与笛卡儿讨论哲学。笛卡儿最终没能习惯这样的作息以及瑞典严酷的天气,患上了急性肺炎,并最终丢了性命。1650年笛卡儿在斯德哥尔摩去世,享年54岁,此时,距笛卡儿接受克莉丝汀娜女王的邀请不过一年。

术语表

为了给读者阅读本书提供便利，特对书中专业词汇进行限定与解释，仅供参考，权威释义请参考专业哲学辞典。我推荐罗伯特·奥迪的《剑桥哲学词典》(*The Cambridge Dictionary of Philosophy*)（见推荐阅读书目）。

ANALYTIC（分析型的）：意为通过字面的意思解读某一表达方式，用康德哲学的语言来说，此类表达方式的谓语是由主语决定的，也就是说，只需要分析这句话的主语就可以得知整句话的含义，例如，"甲是甲"或者"所有单身汉都没有结婚"。

ANTI-EPISTEMOLOGY, ANTI-EPISTEMOLOGIST（反认识论，反认识论者）：见 EPISTEMOLOGY。

BEHAVIORISM（行为主义）：认为对心灵或大脑的研究就是对言行的研究。

CLARITY, DISTINCTNESS（明确性）：笛卡儿认为，心灵对概念的认识是完全的，也就是说，心灵在认识概念时不会出现任何误解或者模糊，心灵对某个概念的解读是独立的，不依赖其他概念的。

CONCEPT（观念）：尤指认知能力。如拥有与"红色"相关的认知意味着能够甄别出某一种事物（红色的事物）。观念（concept）与概念（idea）易混淆，从哲学角度来看，"观念"一词通常用以描述智力认知能力，例如，通过解读某种品行的描述理解该行为的能力。

CONSTRUCTIVIST（建构主义者）：认为人类知识（至少在某种程度上或就人类能够认知的程度而言）是由历史或心理因素决定的，因此人类知识受到知识拥有者的认知模式中的主观因素的影响。

DECONSTRUCTION（解构主义）：如今，该词的运用已经颇为广泛，很难用三言两语来严格定义，但通常该词指Jacques Derrida的批评实践，该实践包括从某一命题中找出与该命题相矛盾的因素，该实践的最终目的是证明所有命题都带有偏见的观点。

DETERMINISM（决定论）：认为世界上发生的一切都是有特定原因的，并且该原因产生的任何偏差都会导致不同的结果。

DISTINCTNESS：见CLARITY。

DUALISM（二元论）：认为世界上存在两种基本实体：心灵（或曰精神）以及身体（或曰物质），这一观点将心灵与身体彻底区别开来，因此提出了一系列关于心灵与身体如何互动的问题。大多数笛卡儿派理性主义者都持有心灵—身体二元论。

EMPIRICISM（经验主义）：指认为所有知识都来源于经验的哲学立场。通常认为经验主义是理性主义的反义词，理性主义即认为有一些知识可以仅仅通过理性思维而非经验获得。

EPSTEMOLOGY（认识论）：研究人类知识，包括人类能够获取什么知识、获取知识的准确程度以及获取知识的条件。

ETHICS（伦理学）：价值观念中与审美和是非判断相关的内

容。需注意，在我们的文化中，伦理学与宗教常常相互混淆，或是认为伦理学与宗教是包含或被包含的关系，诚然，宗教观念中不可避免地存在着伦理学，但是伦理学不一定与宗教相关。一个人可能符合伦理学的要求却不符合宗教的要求，并且某项伦理学标准也可以完全不受宗教的影响。伦理学或者伦理常被视为道德的近义词，但伦理学或者伦理通常情况下用于公认的正确的行为准则，而道德则用于某个文化中的判断准则。

EXISTENTIALISM（存在主义）：存在主义的创始人是海德格尔，由萨特发扬光大。存在主义认为存在先于本质，换句话说，存在主义认为，评判一个人不能通过这个人的"本质"，而是通过这个人的行为和他所承担的责任。通常来说，存在主义是伦理道德层面的立场。对存在主义更广泛的看法是，存在主义将人对环境的适应和反映与这个人本身区别开来。

INTUITION（直觉）：虽然康德使用的"直觉"一词更接近"感觉"甚至"经验"，但是更早些时候，哲学家们（如笛卡儿）使用"直觉"一词的含义就是指人对真理的直接感知，这种直接感知中不包含分析或推理的成分。在哲学中，"直觉"一词常用于对伦理价值的感知。

METAPHYSICS（形而上学）：形而上学研究终极现实以及存在事物的本质，也研究存在的事物是什么（见存在论）。

METHODOLOGICAL DOUBT（方法论怀疑）：为了让人接受怀疑一切的必要性而产生，由于方法论怀疑的提出，许多原本人们不会想到去怀疑的事物也成为怀疑的对象。方法论怀疑的应用应该严肃且彻底,但将方法论怀疑运用于某物不等于已经否定了某物的真实性。

METHODOLOGY(方法论):用于解决某个问题的一套规则或一套程序。

OBJECTIVIST(客观主义者):相信知识具有不受知识接受者主观意志、心理学因素、接受能力、历史因素和环境左右的客观性的人。

ONTOLOGY, ONTOLOGICAL(存在论,存在论的):是哲学的一个分支,是关于什么能够存在以及存在的是什么的研究领域。本书中的存在论问题主要与心灵、物质和经验有关。

A POSTERIOR(后验):必须通过经历世界获得,没有经验就无法获得的知识。

POSTMODERN, POSTMODERNIST(后现代主义,后现代主义者):"后现代主义"一词一开始出现于艺术领域,现在也运用于对人文科学研究方法、目标、标准、主题以及立场的归类,后现代主义反对启蒙运动在存在、绝对真理、现实的可能性等问题上的观点。

PRIMARY QUALITY(初级特质):物质的特质或属性中不受人的感知影响的,如质量、体积、形状和数量。见次级特质。

A PRIORI(先验):在获得经验前就获得的知识。比如,三角形的内角和等于180°属于先验知识,人不需要真的去测量三角形的三个内角并将其相加就知道这一点。"先验"与"分析"在经验主义者眼中是不同的概念,理性主义者则反对通过定义来确定实现真理性,并且理性主义者相信,有一些事实是无关乎定义的。

从笛卡儿出发

PROPOSITION（主张）：有些人认为，主张是可用语言描述的想法，举例来说，当我们将一个英文句子翻译成中文句子时，两个句子间传递的是主张。主张可辨正误。主张可以是一段陈述的内容，"The cat is sleeping"和"猫正在睡觉"这两句话拥有同一个主张。有些人将"主张"和"句子"混用。

RATIONALISM（理性主义）：是一种哲学立场，认为至少某些知识是可以通过理性的推理演练获得的，常与经验主义相对：经验主义认为知识只能来源于经验。

REASON（推理）：狭义地说，推理就是人类通过一定的合适的手段达到目的的能力；广义地说，推理是连贯思考并能够对环境产生反应以及自我反思的能力。

RELATIVISM（相对主义）：认为世界上没有绝对的真理评判标准和价值评判标准，是非价值的判断与文化、主体、个人偏好有关。有时候，相对主义也是一种认为所有立场或观点相互平等的哲学立场。

SECONDARY QUALITY（次级特质）：次级特质被认为是物体具有的特质中由人的主观感受赋予物的特质，如味道、颜色、气味、触感和声音。

SELF-EVIDENT（自证的）：自身本质就能够证明自身真实（或谬误）的，例如，"甲是甲"自证为真，"方形的圆"自证为假。通常该词会用来形容某些原则，例如不矛盾原则。

SENSES（感官）：即感觉器官，在哲学中，通过感官获得的知识常与通过直觉或者理性推理获得的知识形成对比。

SOLIPSISM（唯我论）：该哲学立场认为，世界上除了自身的意识能够直接了解的事物以外不存在任何其他事物。从唯我论还可以得出结论：世界上除了自身的意识之外不存在他人的意识，毕竟每个人只能够感知到自己的意识。笛卡儿的哲学理论中有数处暗示了唯我论的立场，也正是因为笛卡儿哲学的唯我论成分使得笛卡儿无法充分地证明上帝与物质的存在。很少有哲学家赞成唯我论的哲学立场，当某一学说被归为唯我论时通常是贬义的。

SUBSTANCE（实体）：能够不依赖其他事物而独立存在的事物——与属性相对，属性只能依附于实体而存在。

SUFFICIENT CAUSE/SUFFICIENT CONDITION（充分理由/充分条件）：需要与必要条件区分开来，充分条件是某事发生所必需的所有条件集合，例如，火药爆炸是子弹出膛的充分条件，而火药是干燥的只是子弹出膛的必要条件而非充分条件。

SYNTHETIC（综合语的）：通常用于形容句子、陈述或论断。根据康德的定义，综合语是谓语给主语增加意义的语言类型，在实际中，综合语通常是基于经验的。与综合语相对的是分析语，分析语的主语就包含了谓语的含义。分析语的正误是通过字面的意义进行判断的，而综合语的正误涉及判断者对世界的认识。

THEOLOGY（神学）：研究上帝的本质的学科。

TRUTH（真理）：我们很难准确地定义真理，我们面临着诸多问题：真理是否具有"被定义"的可能性？如果有，真理的定义应该采用何种表达形式？真理是单个句子对应的含义（真理的符合论），还是诸多句子之间的连贯含义（真理的连贯论）？

VERIFICATION（证明）：在哲学上，通常是指使用经验证明某命题正确，证明是论点得到经验的证实的过程。哲学证明与形而上学思辨相对——形而上学思辨脱离经验的支持。

参考文献

由于本书是入门级的哲学作品,因此,我在此仅列举学习研究笛卡儿哲学最重要的书目,其中有六本必读或必备书目,是对哲学爱好者了解哲学最有裨益的文献。

Allen, Barry（1993）. *Truth in Philosophy*. Cambridge, MA: Harvard University Press.

Audi, Robert（1996）. *The Cambridge Dictionary of Philosophy*. Cambridge: Cambridge University Press, 193-196.（学习哲学的必备书目）

Blackburn, Simon（2005）. *Truth: A Guide*. Oxford: Oxford University Press.（极具参考价值的必备书目）

Cornford, Francis（1957）. *Plato's Theory of Knowledge*. New York: Bobbs-Merrill.

Cottingham, John, ed. and trans.（1995）. *René Descartes: Meditations on First Philosophy, with Selections from the Objections and Replies*. Cambridge: Cambridge University Press.

Davidson, Donald（1986）. "A Coherence Theory of Truth and Knowledge." In Ernest LePore, ed., *Truth and Interpretation: Perspectives on the Philosophy of*

从笛卡儿出发
Starting with Descartes

Donald Davidson. New York: Blackwell, 307–339.

Debus, Allen G. (1978). *Man and Nature in the Renaissance.* Cambridge: Cambridge University Press.

Descartes, René. *Meditations on First Philosophy.* Laurence J. Lafleur, trans., Macmillan/Library of Liberal Arts, 1951 (1989); also Haldane and Ross, 1969.

—— *Meditations on First Philosophy.* Cottingham, 1995.

—— *Discourse on Method.* Haldane and Ross, 1969.

—— *Arguments.* Haldane and Ross, 1969.

—— *Reply to Objections IV.* Haldane and Ross, 1969.

Foucault, Michel (1973). *The Order of Things.* New York: Vintage.

—— (1980). *Power/Knowledge: Selected Interviews and Other Writings.* ed. Colin Gordon. New York: Pantheon.

—— (1986). *The Use of Pleasure.* trans. Robert Hurley. New York: Vintage.

—— (1989). *Foucault Live.* Sylvère Lotringer, ed., and trans. John Johnston. New York: Semiotext(e).

Fox-Keller, Evelyn (1985). *Reflections on Gender and Science.* New Haven: Yale University Press.

Haldane, Elizabeth, and G. R. T. Ross (1969). *The Philosophical Works of Descartes* (Volumes I and II). Cambridge: Cambridge University Press.

Honderich, Ted, ed. (1995). *The Oxford Companion to Philosophy.* Oxford and New York: Oxford University Press, 188-192.（必读书目）

Kemp-Smith, Norman（1958）. *Descartes: Philosophical Writings.* New York: The Modern Library/Random House.

Kenny, Anthony, trans. and ed.（1970）. *Descartes: Philosophical Letters.* Oxford: Clarendon Press.

Kiernan, Thomas P.（1962）. *Aristotle Dictionary.* New York: Philosophical Library.

Krausz, Micheal（1989）. *Relativism: Interpretation and Confrontation.* Notre Dame, Ind.: Notre Dame University Press.

Matson, Wallace I.（1965）. *The Existence of God.* Ithaca: Cornell University Press.

——（2000）. *A New History of Philosophy*（Second edition, Volumes 1 and 2）. New York: Harcourt.（必读书目）

Morris, John M.（1971）. *Descartes Dictionary.* New York: Philosophical Library.（必读书目）

Nietzsche, Friedrich Wilhelm（1968a）. *The Will to Power.* Walter Kaufman, ed., trans. Kaufman, R. J. Hollingdale. New York: Vintage Books.

——（1968b）. *Thus Spoke Zarathustra.* In Walter Kaufman（1968）, *The Portable Nietzsche.* New York: Penguin.

O'Farrell, Clare（1989）. *Foucault: Historian or Philosopher?* Houndmills: Macmillan.

从笛卡儿出发
Starting with Descartes

Prado, C. G. (2000). *Starting with Foucault: An Introduction to Genealogy*, Second Edition. Boulder, Colo. And San Francisco: Westview Press.

——, ed. (2003). *A House Divided: Comparing Analytic and Continental Philosophy*, Amherst, New York: Humanity Books (Prometheus).

Rorty, Richard (1979). *Philosophy and the Mirror of Nature*. Princeton: Princeton University Press.

—— (1982). *The Consequences of Pragmatism*. Minneapolis: University of Minnesota Press.

Searle, John (1999). *Mind, Language and Society.* London: phoenix.

Sellars, Wilfrid (1962). "Philosophy and the Scientific Image of Man." In Robert Colodny, ed., *Frontiers of Science and Philosophy.* Pittsburgh, PA: University of Pittsburgh.

Snow, Charles Percy (1959). *Two Cultures*. Cambridge: Cambridge University Press.

Williams, Bernard (2002). *Truth and Truthfulness*. Princeton: Princeton University Press.

—— (2005). *Descartes: The Project of Pure Enquiry.* London and New York: Routledge. （必备书目）

Wilson, Margaret (1978). *Descartes.* New York: Routledge.

索引

（条目后的页码为本词条出现在原英文版书中的页码）

Allen, Barry 148
Anselm of Canterbury 97, 99, 107, 109, 120–5, 128
Aquinas, Thomas 59, 107, 126, 128–9
Archimedes 37
Aristotle 1, 10, 22, 81, 85, 103, 105, 153
atheism 94
Augustine 59
authoritarianism 13–14, 20

begging the question 60
Berkeley, Bishop George 132, 151
Blackburn, Simon 148
Brahe, Tycho 18

Cartesian 6 *see also* Descartes, René
Cartesian dualism 69 *see also* Descartes, René: mind/body dualism
Cervantes, Miguel de 8
Christina, Queen (Sweden) 157
the Church 14, 18, 36
conceptualization 56, 64, 102–3, 128, 152
Copernicus 14
Cottingham, John 34, 37

Davidson, Donald 62–3, 149
de Saussure, Ferdinand 6

Descartes, René
analysis of beliefs/ideas 7, 14, 61–2, 80, 94, 108, 111, 114
biography 155–7
Cogitationes Privatae 155
cogito argument/intuition ('I think, I am') 66, 70–6, 80, 84, 92–3, 96–7, 103–5, 109, 127, 132, 136, 139, 141–2
Compendium Musicae 155
conceptualization 102–3
contrasted with Berkeley 151
contrasted with Kant 151
contrasted with Locke and Hume 15, 56, 67–8, 70, 151
contrasted with Nietzsche 25
daughter 157
Dioptics, Geometry and Meteorology 156
Discourse on Method 14, 73, 156
dream hypothesis 52–6, 59–61, 64, 76, 85, 93, 99–100, 127, 131, 135, 141, 143, 149, 153
epistemology 1, 20, 22, 48–9, 93, 99, 110–11, 117, 137, 142, 148–54 *see also* Descartes, René: knowledge
error/evil 109–11, 113–16, 118–19, 134, 143
evil-spirit hypothesis 49, 55–7, 59–61, 64, 70, 76, 85, 88, 92–3,

189

99–100, 103, 127, 131–3, 137, 141, 143
ex nihilo (adequate-cause) principle 86, 91, 96, 100, 103, 105, 144, 153
extended matter/extension 76–82, 84, 109, 121, 127, 131–2, 134–9, 141, 143, 147, 150
failures in philosophical thought 50, 57, 63, 71–3, 80–1, 86–8, 91–3, 96, 100, 102–4, 106, 108, 118, 140, 142–4, 153
father 157
free will 111–14, 118
God: as deceiver (moral twist to argument) 135–9, 143
God: idea/existence/perfection/concept of 44–7, 50, 55, 59, 65, 79–80, 82, 84–99, 102, 105–13, 115, 118, 120–3, 125–39, 141–2, 144, 150
ideas: *adventitious, factitious, innate* 86, 89, 98
ideas/consciousness/thought/substantial mind 30–1, 43–8, 50, 56, 64, 67, 100–1, 115–17, 134, 145–7, 149–50
judgments 101, 113–17, 119, 135, 143
knowledge 37, 50, 61, 64, 82, 85, 144 *see also* Descartes, René: epistemology
language/linguistic concerns 4–6, 17, 21, 62, 71, 75, 101, 103
Letter to Dinet 156
mathematics 36, 50, 126, 155
Meditations on First Philosophy 2–4, 8–10, 13–14, 16–18, 20–1, 23, 25, 27–9, 34, 38, 42, 44, 48–9, 51–157
memory 103
metaphysical views/implications 20, 48, 72, 81, 157
methodological doubt/skepticism 39, 47–52, 54–5, 57–61, 64, 66, 70–1, 80–1, 85,

87–8, 93–4, 99–100, 102–3, 108–11, 114–15, 127, 135, 139, 141, 144, 149–50
methodology 17–18, 21, 23, 38–9, 42, 47
mind/body dualism 69, 72, 81, 142, 144
occurrent thought/thinking mind/pure mind 67–9, 72–3, 132
ontological argument 81, 109, 120–3, 125–6, 129, 142
The Passions of the Soul 157
a posteriori arguments 97, 106–8, 122, 127
Principles of Philosophy 157
a priori arguments 97, 106–8, 122, 127
reaction to geocentrism and heliocentrism 18, 156
representations/representationalism 110, 115–17, 151–4
responsibility 111–12
Rules for the Direction of the Mind 155
self-identity 104–5, 108
sensory perception 52, 54, 56, 63–4, 83, 110–11, 116–19, 135–6, 143
solipsism 84
substance(s) 104–5, 108, 138
Treatise on Man 156
truth: clarity and distinctness of 40–2, 50, 57–8, 94, 102
truth: incontrovertible, indubitable, absolute 70, 75–6, 82, 94, 100–2, 136, 144
truth: objective/subjective 8–9, 96–7, 101, 145–6, 148, 154
truth and reason/truths of reason 7–8, 13, 17, 21–2, 37–40, 43, 54–5, 57, 61–2, 64, 71, 94, 96, 103, 118, 127, 136, 143
visual metaphors 58–9, 102
wax experiment 77–9, 121, 132
The World 18, 156
dialectic 7

索引

dogmatism 13–14, 18
dreams 52
Einstein, Alfred 79
Elizabeth, Princess (Bohemia) 157
empiricists/empiricism/rationalism 15–16, 26, 56, 64, 98, 144
epistemology 1–2, 9, 20, 22–3, 26, 69, 73, 90–1, 93, 98, 117, 136, 144, 148–51 *see also* Descartes, René: epistemology
error 109–10 *see also* Descartes, René: error/evil

ex nihilo principle 86 *see also* Descartes, René: *ex nihilo* principle

feminists 8
Foucault, Michel 19–20, 27, 98, 136
The Order of Things 5–6
free will 109–10 *see also* Descartes, René: free will
Freud, Sigmund 44

Gadamer, Hans-Georg 21
Galileo 7, 14, 18–19, 36–7, 156
geocentrism 18
Guanilo 125

Haldane, Elizabeth 38
Hegel, G. W. F. 12
heliocentrism 18, 156
historicism 8, 19, 145, 153
Hume, David 15–16, 44, 56, 67–8, 70–1, 73, 91, 98, 105, 124, 129, 132, 136, 151

idealism 132

Jesuits 155

Kant, Immanuel 23, 56, 64, 102, 124, 129, 144, 151–2
Critique of Pure Reason 2
Kemp-Smith, Norman 80
knowledge 5, 25–6, 36–7, 63, 98, 136, 148 *see also* Descartes, René: epistemology, knowledge; epistemology

La Flèche College (Anjou) 155
Lafleur, Laurence 38
Leibniz, G. W. 16
Locke, John 15–16, 44, 56, 132, 151
Louis XIV (France) 157

mathematics 22, 36, 47 *see also* Descartes, René: mathematics
Maurice of Nassau, Prince 155
mental/material things 10–11
Mersenne, the Reverend 44, 86
metaphysical systems 16, 26, 144, 157
'mirror of nature' 151
modernists 21, 25

'natural light' 39
Newton, Sir Isaac 79
Nietzsche, Friedrich 1, 5, 8, 12, 21, 24–5, 27, 148

Ontological argument (Anselm) 97, 99, 107–9, 120–7, 129, 142

Parmenides 21
Peirce, Charles Sanders 20, 41, 149
Plato 1, 4–5, 7, 21–3, 25, 51–2, 62, 69, 94, 147–8
polytheism 94
postmodernism 5, 19, 21, 23, 25–7, 39, 94, 149
pragmatism 146
'primary qualities' 16, 151
'the problem of evil' 109–10, 115, 143 *see also* Descartes, René: error/evil
properties 10
Protagoras 12, 148
Ptolemy 18
Pyrrho 51–2

rationalism *see* empiricists/empiricism/rationalism

191

reason 4, 7, 13–16, 20
redescription 12
Regius 89
relativism 12–13, 23, 94, 146, 153
representationalism 151–2
　see also Descartes, René:
　representations/
　representationalism
responsibility 111–12
Rorty, Richard 44, 149–53
Ross, G. R. T. 38

Scholastics 86, 91, 103, 105
'secondary qualities' 151
'second order' good 115
the self 3–4, 104
Sellars, Wilfrid 17, 19, 23
Sextus Empiricus 51–2
skepticism 15–16, 20–1, 39, 51, 57,
　149, 154 see also Descartes,
　René: methodological doubt/
　skepticism
Snow, C. P. 37
Socrates 1, 17, 21
solipsism 84

the Sorbonne 28
Spinoza, Benedict (Baruch) 16
structuralism/structuralists 6
substance(s) 10, 103 see also
　Descartes, René: substance(s)

'thought experiment' 33
truth 1, 4–5, 7, 19, 22, 24–6, 36–7,
　147–8 see also Descartes,
　René: truth
　absolute 13, 18, 80, 94, 145, 154
　contingent 11–12
　historical/ahistorical 8, 11–13,
　　19, 94, 145–6, 148, 153–4
　metaphysical 43
　perspectival 94
　a priori 12, 16, 97
　relativistic 12–13, 145–6, 148,
　　153–4

University of Poitiers 155
University of Utrecht 156

Whitehead, Alfred North 4, 94
Williams, Bernard 34, 148

内容简介

勒内·笛卡儿是近代哲学之父,也是哲学史上至关重要的一位思想家,笛卡儿哲学的出现为诸多哲学课题提供了崭新的思路,不了解笛卡儿,就无法理解哲学由近代到现在的发展。《从笛卡儿出发》一书囊括笛卡儿哲学的全部关键点,为人们了解笛卡儿哲学点亮了指路明灯。

本书按主题进行编排,交织着笛卡儿思想的发展全过程,解释了笛卡儿思想的成因。本书完整地呈现了笛卡儿哲学的主要内容,集中讨论了笛卡儿的主要著作《第一哲学沉思集》以及笛卡儿进行哲学探索的基本方法论。本书还从笛卡儿所受的影响以及笛卡儿所产生的影响两个方面介绍了笛卡儿思想形成与演变的历史,是初次接触笛卡儿哲学的读者理想的辅助阅读材料。

作者简介

C.G.普拉多是加拿大女王大学哲学系荣誉退休教授,著有《从福柯出发》(2000)、《自相纷争之国:分析哲学与大陆哲学的比较研究》(2003)、《舍尔与福柯眼中的真理》(2006)、《选择死亡:可选的死亡与文化多样性》(2008)。

译者简介

程甜,口笔译工作者,浙江工商大学翻译专业口译方向硕士。

陈明瑶,博士,浙江工商大学英语教授,翻译与文化研究所所长。在专业一级刊物和核心刊物上发表学术论文30余篇,出版专著、译著及教材多部。